# SFのSは、ステキのS

池澤春菜

イラスト・マンガ：COCO

早川書房

"SF" IS "SUTEKI FICTION"
BY HARUNA IKEZAWA
ILLUSTRATION AND COMIC BY COCO
HAYAKAWA PUBLISHING CORPORATION

"SF" IS "SUTEKI FICTION"

CONTENTS

初出：SFマガジン2010年8月号～2014年10月号

# 勇ましいチビのSF者現る

皆様こんにちは、もしくは初めまして。
池澤春菜と申します。

アニメの声や、歌や、テレビに出たりして糊口をしのいでおりますが、その実態は一介のＳＦ好き。でも、本当にただ好きなだけで、特に物語るべき深い内容も、ご披露できる知識もないから、と暗がりでこっそりＳＦを隠れ読む日々。

そんな私がまさかＳＦの本丸、大伽藍、万魔殿とも言うべきＳＦマガジン[*1]に文を寄せる日が来ようとは（嘘つけ、無理矢理ページもぎ取っていったくせに、という声が早川書房の方から……あ〜あ〜キコエナ〜イ）。

しかもイラストを描いてくださるのはｃｏｃｏ[*2]さん。あ、私、『今日の早川さん』[*3]のドラマＣＤで早川さんをやらせていただいております。こちら、大変おすすめ。

タイトル通り、素敵なＳＦの話、そして宇宙の片隅で細々と生きている素敵でないＳＦ者の日々を少しだけ、お届けいたします。

そもそも、私とＳＦの出会いは、父の本棚。物書きをしている父の書庫は、活字中毒だった私にとって絶好の活字源。ほとんどが大人向け、基本的には非常に小難しい本ばっかりだったにもかかわらず、活字であるというだけで浴びるように読んでいました。

とはいえ、小学生にとって福永武彦全集[*4]を抱えて小学校に行くのはなかなか至難の業。勢い手を伸ばすのが、文庫コーナー。

そこで出会ったのが、ハヤカワの青背、創元のピンク、そしてサンリオの白、という私にとっての今後の人生を決定づけるトリコロールカラーでした。

雪崩式にホーガン[*5]を読み、クラーク[*6]を読み、アシモフ[*7]を読み、イーガン[*8]を読み、ディック[*9]を読み、オールディス[*10]を読み、ハインライン[*11]を読み、ベスター[*12]を読み、マキャフリイ[*13]を読み、ベア[*14]を読み、ギブスン[*15]を読み、ラッカー[*16]を読みしているうちに、気がついたら立派な、そして手遅れなＳＦ者の出来上がり。

思い返してみれば、父の書庫は一人のＳＦオタクを育てるのに、偏りのない、読みやすい、そして硬軟取り混ぜたとても良いセレクションだったんだなぁ。

でもなぜＳＦなのか。
どうしてＳＦじゃなきゃだめだったのか。
ＳＦのＳはサイエンス。
でも、それだけじゃ足りない。そこに溢れる浪漫がなくちゃＳＦとは呼べません。

「こうだったらいいな」「こうなったら楽しいな」を夢想して、それにある程度合理的な説明を付加したのが、私にとってのＳＦ。で、その合理的な説明、の部分は往々にしてサイエンスであることが多い。

ただ、目的としてのサイエンスではなく、あくまで手段としてのサイエンス。

言い換えれば、世界中で一番夢見がちな作家が描く、希望と可能性を扱った文学こそが、ＳＦ。

だからＳＦは、私の中では「Ｓ：ステキなＦ：フィクション」。

そんな可能性の世界がいっぱいにつまったＳＦだからこそ、子供の私はあんなにも魅了されたんでしょう。

とうに大人になり、世界が思ったより輝いていないと知った今でも、ＳＦは私を魅了しています。むしろ、大人になったからこそＳＦの中に描かれた世界はいっそう愛おしい。

ＳＦは人間の想像力と文字で予想する、未来シミュレーター。この先何が起きようと、ＳＦというジャンルにおいては想定範囲内。ユビキタス[*17]も、大陸弾道列車[*18]も、パンデミック[*19]も、超コンピュータ[*20]も、砂漠化も、無能な政治家が招いた社会不安も、深刻化する若者の○○離れも、ヴァーチャル・アイドル[*21]も全部ＳＦが先に取り上げています。起こりうる問題、それに伴う解決策、大丈夫、ＳＦに任せてください。

小学校にＳＦの時間があればいい、と本気で思います。どんな問題にも柔軟なＳＦ的思考と、明るい展望で対処できる、素晴らしい大人を育てるためにも。

ＳＦは明日の文学。

だからきっと私は一生ＳＦを読み続ける。

世界の片隅でＳＦのトキメキを叫ぶ勇ましいチビのＳＦ者のお話、今後も温かく見守っていただければ幸いです。

# こんにゃく芋とブブゼラとミョウバン洞窟の日々

ごきげんよう、池澤春菜です。

実はこの原稿は先月号が出る前に書いているので、一回目のエッセイが皆様にどう受け止められたのか、非常に不安ではありますが……

きっと好評。

たぶん好評。

絶対大好評。

そう思って心の安寧を保つことにいたします。

今まで部屋の片隅でこっそりSFを読んできたに過ぎない身としては、SFのメインストリームにいわく劣等感を抱いております。だから、SFマガジンなんてもう、猛者《もさ》に混じってつまようじ装備でドラゴン退治に赴くレベル1村人気分。「本当にいいんでしょうか」がエンドレスぐるぐる。

だって、今まで身の回りにSF者がいなかったんです。

別に隠してきたわけではないけれど。

むしろ本を読むこと自体がマイノリティの嗜《たしな》みだった風潮すら。

そんな私にとっては、日の当たるところで公然とSFを語り合う友達がいて、「SF? あぁ、ロボットとかの?」とやや上から目線でまとめられた経験など持ち合わせない、なおかつ国内外のSF事情に詳しく、偏った読み方も、謂《い》われのない読まず嫌いも、SFを読まない相手に対するコンプレックスの裏返しの優越感も持たない、きらきらと正しい目をしたSF強者がとても眩しいのです。

なので、私の夢はいつの日か、世界のセレブが集《つど》う噂のSF大会[*1]をそっと覗かせていただくこと……

そんな風に日陰で密《ひそ》やかにSFを読んできた私ですが、じゃあ、もし私がSFを読まない人間だったら。

ということは、イコール本を読まない人間だったら。

平均して一日に二時間を本に費やしているとして、一年で七三〇時間。今までの生涯で計算すると、二一九〇〇時間くらいでしょうか（ここで年齢を逆算しようとした人には、今後一生タイムスリップとタイムトリップ[*2]の違いに悩み続ける呪いがかかります）。

二一九〇〇時間、日数にすれば九一二・五日、年換算で二年半。

人生のうち、二年六ヶ月を本に費やしている……あれ、思ったより少ないぞ。まぁ、でもぶっつづけで、飲食もせず、お風呂にも入らず、トイレにも行かず、一切の睡眠すら取らずに、一瞬たりともページから目を離さない二年六ヶ月、と考えると恐ろしい数字ではある。

ていうか死ぬ。

この月日を本以外に使ってたら、結構なことができる気がする。

まずこんにゃく芋の収穫までが二～三年なので、ちょっと早めに収穫しちゃうことにはなるけれど、こんにゃくは作れるかも。

楽器もブブゼラくらいなら習得できる。

ミニ盆栽もいける。

ミョウバンの結晶を育てて洞窟も作れたかもしれない。

……良かったのか、私の人生、これで。

こんにゃく芋育てたり、ブブゼラ吹いたり、盆栽に魂注いだり、ミョウバン洞窟で遊んだりする人生もあったじゃないか。

結論：いいのである。

だってSF読んでたら、その全部が文字の上のこととはいえ、追体験できるもの。

文字上の疑似経験と実体験は違うものなのは重々承知。でも、むしろ絶対実体験できないものだって、SF上だったらできちゃう。

それに比べたら。

自動車の免許は持ってないけれど、次元波動超弦励起縮退半径跳躍重力波超光速航法[*3]ならわかる。光熱費がなんなのかわからなくても、超AIが暴走したときの対処法[*4]はわかる。青森に行ったことはないけれど、惑星全部が知性のあるコケで覆われている星[*5]のことは知っている。

そんな私の人生でも、いいや。

ということで、私は二年六ヶ月閉じこもって、飲食もせず、お風呂にも入らず、トイレにも行かず、一瞬たりとも寝ることすらせずにSFを読み続けても比較的幸せ、だということがわかりました。

たぶん死ぬけど。

# 星の言葉

ごきげんよう、池澤春菜です。

今日はぶっちゃける。

自分の読書癖が非常に偏向していることは薄々感づいておりました。

でも、食べ物と違って、偏っても死ぬ訳じゃないからいいじゃん、なんて開き直ってもいたのですが……最近ちょっと反省。

あ、あのね……SFが好きと公言しつつ、本当は翻訳SFしか読んでいませんでした、ごめんなさい。

もうちょっといろいろ食わず嫌いせずに読まなければ、とは思うんだけど……どうも、翻訳物の独特の雰囲気が好きみたい。

でも翻訳が駄目な人も、「あの独特の雰囲気が苦手」って言うじゃない？

じゃあ、その独特の雰囲気ってなんだろうと思うわけです。

翻訳って不思議なもので、元の言語から日本語になる一段階が加わるせいか、一枚紗《しゃ》がかかったような風合いになる気がします。

もちろん、翻訳の方は原作の魅力をいかにそのまま伝えるかに苦心されているのだろうけど。一人称が俺になるか、僕になるか、自分になるか、拙者になるかだけでも、雰囲気は全然違ってくる。

私としては、翻訳された方の味も含めての「独特の雰囲気」が好き。

その分、その作者の顔は少し見えにくくなるけれど、それでも数を読んでいる内に、自分の好きな作風や訳文のクラスタが見えてくるのも面白い。この人の新刊なら何はさておき買う、という人も見つかってくる。

ちなみに、今現在で絶対買う脊髄反射グループに属するのは、ダン・シモンズ[*1]でしょ、ディレイニー[*2]にティプトリー[*3]、ル・ヴィン[*4]、ギブスン、マキャフリイ、ベイリー[*5]、キャサリン・アサロ[*6]、ヴァーナー・ヴィンジ[*7]、グラント・キャリン[*8]、ゼラズニイ[*9]、コードウェイナー・スミス[*10]、ビジョルド[*11]、ブラッドリー[*12]、ベスター、ムアコック[*13]、ホーガンなんか。

紹介文を読んで良さそうなら、もしくは好きなシリーズに限り買う第二グループには、残り全部。

SF的イメージで言えば、星の海の向こうから、時折、新刊という星海通信が届くのです。

そんな中でふと「あ、この人の本はもうこれで終わりなんだ。全部読んじゃったし、これ以上書かれることはないんだ」と気づく瞬間があります。

このところの訃報ラッシュ。

言うなれば空の星が消えた瞬間。

直接その星に降り立ったことはなくとも、遠くの空で瞬いている。時々、光の代わりに言葉を送ってくれる。でもある日いきなり、その星は消えて亡くなる。星があった空は、空っぽになっている。

大人になるというのは、こんな風に、知っているものが少しずつ消えていくことに、慣れることなのかなぁ。

それでも、地球に消えた光が届くまでは時差がある。星は亡くなっても、まだ暫くは言葉が届くかもしれない。いつか本当に何も届かなくなる日は来るだろうけれど。

いつもはもどかしい思いで待っている翻訳までの時差は、もしかしたら少しだけ幸せなことなのかもしれない。

残された私達が、その不在にゆっくり慣れることが出来るように、出版社の皆様、そして翻訳者の皆様、どうかまだ届いていない星の言葉を伝えて下さい。

とシンミリしたところで、唐突ではありますが、先日父が発掘した、小さい頃私が書いた反省文を転載。

「7月31日
今日プールからかえるとき本屋さんでたちよみをしてしまいました。1時間くらいたちよみして本屋さんがしまりそになったのであわててでました。

よみちをわたしみたいなかわゆ～い(?)子があるいていると、あぶな～いからおとなの人のあとについていきました。

うちにかえってめちゃんこしかられました。

ふか～くはんせいしてます!!」

ツッコミどころが多すぎて、どうしていいかわからないです。でも、三つ子の魂百までというのはよ～くわかった。

# 引きこもりSF者の覚醒

ごきげんよう、池澤春菜です。

とうとう行ってきちゃった!!

勝者の祭典、セレブの聖域、選ばれし者のみが立ち入りを許される神の領域……ＳＦ大会ＴＯＫＯＮ10[*1]に!!

そもそも前日にツイッターで、

「行ってみたいけど、一人は怖い……なので、今年も引きこもって、エアＳＦ大会夢想です」

「なんか女子供がふらりとひとりで迷い込める世界ではない気がして……イメージは深海で蠢く、世界を裏で牛耳る者たちの集い」

「リアル質問。ＳＦ大会ってどんな催し？　自分の中にイメージがまったくありません。いろいろ読んだ限りだと、なんか合宿したりパネルディスカッションで取っ組み合ったり異次元に迷い込んだり、みんなコスプレしてたり……」

「皆様から教えてもらったことを総合すると、プロ学園祭みたいなもの？　今ちらっと開催要項を見たら、ちょっと覗いてみる雰囲気ではないので、やっぱり見送ります。来年こそきっと！」

「今はまだ、ひっそり片隅でＳＦを読んでいよう……華やかな場所に出るには、私なんてまだまだ。あと30年くらいして、もうちょっとちゃんと読めるようになったら、その時こそ胸をはってＳＦ大会に」

という呟きをしていたら、それを見ていたＳＦ十二神[*2]のうちの何柱かが「この池澤春菜の恐がりを是正することが、ＳＦ者の地位向上にも役立つんじゃなかろうか。よし、なんとかしてやろう」と、運営にお話しして、機会を与えて下さったのです!!

そして生まれたての子鹿のように震えながら赴いた船堀駅。改札を出たところに、着流しのお侍さんがいたので「あぁ、もうここから異世界なんだな」と。

運良く入り口でＳＦマガジンの阿部[*3]さんに拾っていただき、展示室に足を踏み入れると……パワードスーツ[*4]がいる。それを加藤直之[*5]さんがライブペインティング[*6]してる。手作りプラネタリウム[*7]がある。シール作ってみんなと交換できる[*8]。

そしてシールに真っ先に飛びついた私……すみません、こういうオリエンテーリング的なのに、めっぽう弱いのです。

結局、大量のシールを眼をキラキラさせながら交換しまくり、３Ｄ影絵にあんぐりし、色んな方とご挨拶させていただき、お部屋を覗き歩き、絵を描き、ご本を戴き、戴いたばかりのご本を持ってサイン会に並び、ネジ巻き式に改造[9]され、スネークし、とっておきのブツ[10]をご披露し、置いてあったポテトを盗み食べし、何度となくcocoさん悔しがってるだろうなぁ、と思った二日間でした。

　二日間……そう、けっきょく二日とも通っちゃった。先約やお仕事もあったので、ずっとはいられなかったのですが、出来る限り。

　結論：SF大会、ホームだった。

「な、なんだ、本読むの大好き、って言っても良いんだ。SFが大好きって言っても良いんだ」という開放感。存在を許される安心感。何言ってもポカンとされない、そんな場所がこの世の中にあるなんて……（苦笑はされますが）。

　今まで文字だけでお名前を拝見していた方々とお話しさせていただけるのも不思議。その方が編まれたアンソロジーを偶然その日持っていたり。

　SF十二神のご尊顔も拝しました。私には見えたよ、黄金聖衣の輝きが。

　自由闊達な参加者の皆様。今までの歴史に裏打ちされた確かな運営。意外とアナログ。真剣に悪のり。老若男女、幅広いファン層。凄い何かを良い意味で無駄遣い。

　こんなに楽しかったからには、何とかして次回静岡にもお邪魔したい。できたら次は何か一コマ出させていただけるといいなぁ。cocoさんとリアル早川さん対談とか、小さなお茶会とか、高慢と偏見とSFとか、ガンプラ[11]は大きく見えることが大事なんですとか……ごめんなさい、考えてみたけれどあんまり語れるような内容が、自分の中にありませんでした。

　二〇一一年九月の開催までに、たくさんSF読んで勉強しておくので、どうかよろしくお願いいたします。

（そういえばお会いした方に「エッセイの語り口そのままのテンションで驚いた」と言われました。そんなに大人しかったかなぁ）

# アキハバラ・エクスペリメント

ごきげんよう、池澤春菜です。

連載五回目にしてなんとロケに行って参りました!!

場所は秋葉原、はんだづけカフェ。

ツイッターで「はんだづけカフェというものができたんですって。行ってみたい」と呟いたことに端を発し、気がついたら早川の阿部さんが取材申し込みをしてくれちゃうわ、ｃｏｃｏさんは上京してくださっちゃうわ。

どうしよう、こんな大きな話になって……ていうか、はんだづけカフェレポートでＳＦＭの中身は大丈夫なのか……

そんな心配を抱えつつ向かった秋葉原。

まずはパーツ屋さんへ。

阿部さんが初心者でも作れる簡単自作キットをご用意してくださっていたのですが、他にも気になるものがあれば、と。

ここで私の目に留まったのがスーパーオルゴールキット１２６０円。スーパーと名がつくだけあって、４和音の曲が36曲も入っています。なおかつ演奏中はフルカラーＬＥＤが光っちゃう。スイッチでオンオフ、36曲のざっくりとした演奏順も設定できちゃう。

こ・れ・だ!!

周囲の不安をよそに自腹で購入。だいたい大物から仕留めに行くタイプです（そしてだいたい失敗するタイプ）。

はんだづけカフェは、昔の中学校を改装したオシャレな建物の三階に。メイドと欲望と電脳渦巻く秋葉原からちょっと歩いてきただけなのに、何このアウェイ感。

カフェといっても、お茶とかコーヒーは出ません。持ち込み大歓迎。

ということで私、お茶キットを一式自宅から持って参りました。キャンプ用電熱コンロ、台湾で買ったレトロなヤカン、旅行用携帯茶具、とっておきの東方美人。

これらをやおら机の上に広げ、電源を差し込み、お湯を沸かし、途中でｃｏｃｏさんが買いに行ってくださった鯛焼きをつまみ……でも怒らない度量の広いはんだづけカフェ。

半分がスイッチサイエンスさんのオフィス、半分がカフェになっている元教室は、椅子も黒板も中学校の時のまま。気分は放課後ティータイム。*1

お茶を一通りたしなんだところで、いざ、はんだづけ。

自宅からマイハンダごても持って来たけど、考えてみたら、これ、鞄の中に入れられるまで冷えるの時間がかかるよね……ということで、レンタルハンダを使用。

さぁ、待ってろよ、スーパーオルゴール！

ぎゅっぎゅ、かぽん、ぺたん、じゅわ〜、ちょんちょん、かさかさ……地味だ。本当はこんな効果音もしないくらいの地味さ。

説明書を見て、対応する部品を探して、基盤にはめて、裏返してはんだづけして、足切って、表返して……ひたすらこの繰り返し。

隣ではｃｏｃｏさんがわかりにくい説明書と格闘し、前では唯一の経験者であるはずの阿部さんが自分のキットに夢中。

ぶっちゃけ、はんだづけで電子部品までは作ったことのない私。でもマイハンダは持っています。一番好きなのは、はんだではぐれメタル[*2]を作ること。

なので、こんな、細かい、作業は……

一時間格闘して、ようやくできあがった私のスーパーオルゴール。ここまで、ｃｏｃｏさんの明るくなると音楽が鳴るハート型の何か→部品を落として破損（でも一瞬音色は聞こえたので、成功）。阿部さんの電池二つ入れるボックスを一つ用に改造してＬＥＤが光り続ける何か（スイッチなし）→成功。

緊張の一瞬です。さ、電池を入れて、スイッチを、オ……煙、煙出てる!! 電池外して外して熱《あ》っぎゃ〜〜プラスチック溶けてる、異臭が!! ようやく電池外せた……と思ったら今度は謎の磁力発生で、切った抵抗の足や電池そのものが強力にスピーカーに貼りついて取れない。

音と光の出る装置を作るはずが、煙と異臭と謎の磁力が出る装置を作ってしまった……あやうくフィラデルフィア実験[*3]の二の舞になるところであった。

永久機関[*4]、室温超伝導[*5]、タイム・マシン[*6]などを作りたい地下組織の皆様、どうも後一歩マッドっぷりが足りないマッド・サイエンティストの皆様、ご要望がございましたらマイハンダを持っていつでも駆けつけますよ〜。

（良かった、SF的なオチになった）

本日は、秋葉原のはんだづけカフェにおじゃましております
自前のはんだごてとお茶会セットを用意してすっかり放課後気分です
でもわたし、工具を持つと人が変わるんですキットも素では組まず魔改造
よし出来た！スイッチオン！
パキッ
ゴゴゴゴゴ
…ってうわっ！
なにこれ？
池澤宅の秘密の工具箱には、後にアキハバラ・エクスペリメントと呼ばれることになる事件を引き起こした謎の機械が眠っている
えっと…ちょっとだけ失敗しちゃいました
¥1260で世界を滅ぼさないでよね


はんだづけカフェ http://handazukecafe.com/

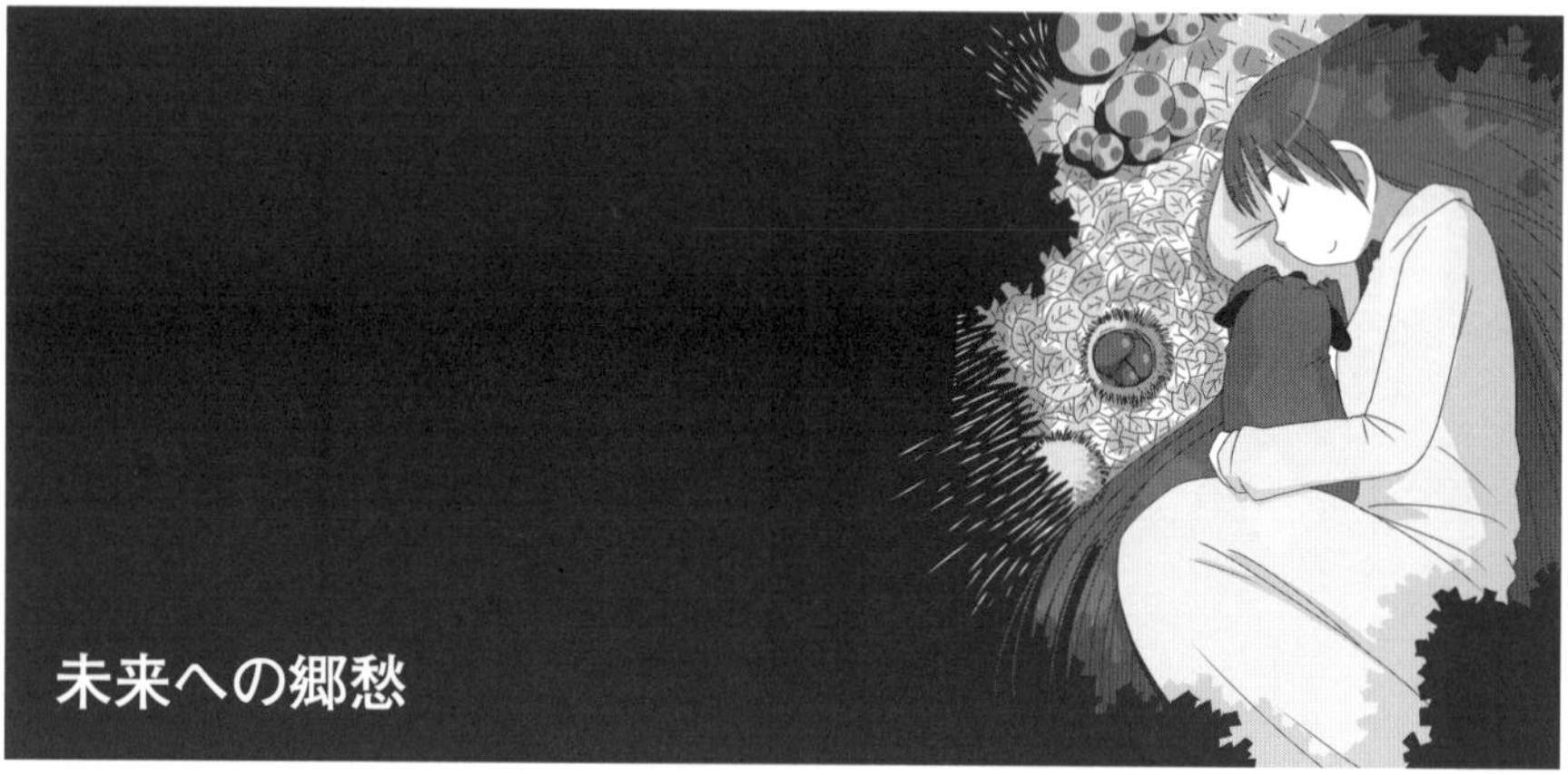

# 未来への郷愁

ごきげんよう、池澤春菜です。

前回のはんだづけカフェの衝撃があまりに大きく、はて今回は何を書いたものやら思案しながら、ぼ～っとテレビを見ているとタバコ増税ニュース。

鉄壁の喉を誇る私ですが、唯一の弱点は煙草の煙。もちろん素晴らしいマナーの愛煙家の方もたくさんいらっしゃいます。でも街中で前の人が歩きながら煙草を吸っていたりすると、とても困る。

なので「とうとう日本もかぁ」とちょっと嬉しくニュースを見ていて、ふと思い出した……宇宙船の中で煙草吸っていたお話あったよね!?

今のような分煙化が進む前だから、そうとう昔……七〇年代、六〇年代、いやいっそキャプテン・フューチャー[*1]の四〇年代?

アンソロジーだったかなぁ、と曖昧な記憶を頼りに本棚をひっくり返してみたのですが、見つからず。思い当たる方、いらっしゃるかとツイッターで聞いてみたら「J・P・ホーガンの巨人たちの星シリーズ[*2]かな?」「星を継ぐもの[*3]とか」「スカイラークシリーズ[*4](古!)にはあったと思います」と、すぐにたくさんのお返事が。ありがとう、ツイッターSF知恵袋の皆様。

いやぁ、予想以上にあるものだね……

考えてみたら、昔、飛行機の中も喫煙OKだったよね……今思えば、凄い。あの密閉された飛行機の中で煙草を吸えたなんて。未だに「NO SMOKING」のインジケーターランプが残っている機体もあるし。

別に、嫌煙家を気取っているわけではなくて。ある時代に思い描いていた未来と、本当にやってきた未来の違いって、面白いなぁ、と思って。

宇宙コロニー[*5]はまだもう少し先。

軌道エレベーター[*6]もNHKのドラマには出てきたけれど。

視界にディスプレイが表示される携帯電話なんてのは意外と早く実現しちゃうかも(骨伝導フォン[*7]は早すぎた)。

極薄の翼を広げて宇宙空間を飛び回る改変人類[*8]、は数世紀は出てこないとして。

相棒は残念ながら、R・ダニール[*9]ではなく及川光博[*10]になっちゃいました。

未来と言えば小松崎茂[*11]描くところの空飛ぶ車だったけど、これは思ったより難しいんですかねぇ。

ヘキシーズ[*12]が土星に置いたお土産はまだ発見されていません。

ミラーグラス[13]が似合うのも今のところレディー・ガガだけ。
ナノテクは急速に発展中、でもミクロ決死隊[14]やナノセイバー[15]にはほど遠い。
世界の中心で愛を叫んだけものはおらず。[16]
アンドロイドも電気羊の夢を見ていない。[17]
犬は勘定に入るけれど。[18]
猫は夏への扉をいまだ発見できず。[19]

ふと気づけば、あのお話の中に書かれていた未来の年号、とっくに過ぎてる……ＳＦ者なら、きっと誰しも一度はそんな思いを抱いたことがあるはず。


何か不思議ですよね、いつの間にか追い越しちゃった未来。

そしてそんなもう一つの未来へ覚える、そこはかとない郷愁。

時間を高い高い建物に例えるなら、その時代の作家たちが描き出した未来は、きっとその場所から見える一番美しい展望だったのかも。でも、階層を一つずつ上がって行くうちに、遠くにおぼろに見えたあの美しい山並みは、本当はゴミの山だったことがわかっちゃったり。キラキラ光る水の反射と思えたものが、逃げ水に過ぎなかったり。

もちろん逆もあるのだろうけど。


今私達がいる階層から見える未来は、どんな景色なんだろう。

でも、未来は「未だ来たらず」と書く。

夢見ているうちが花なのです。

カッコイイと聞いていた友達の友達は、実際に会うまでが花。評判のお店は、食べログを読んでいるうちが花。雑誌で見たワンピースは試着するまでが花。

あぁなんだかだんだん暗くなってきたぞ。

要するに、古今東西を問わずＳＦを読もうよ、という……あれ、結局いつもの落ちだ。

原稿も書いてみるまでが、花でした。

21世紀も10年を過ぎたけど、思い描いていた未来とは全然違うよね
サイバー空間をアクティブに疾駆できるわけでもないし…
身体改変によるファンタジックな装いや肉体の限界の拡張もないし…
もっと素朴な、「これが未来の人類だ！」的な、頭が大きくて筋肉が退化したような新人類が台頭してくることもないし…
まあでも、毎日SFが読めて美味しいものが食べられてクーちゃんと一緒にいられれば私はそれでいいけどね
春菜ちゃん人間には向上心ってものが…

# SFっぽくてSFっぽくない、少しSFなアンソロジー希望

ごきげんよう、池澤春菜です。

いやぁ、アンソロジーが花盛りですね。今年出ただけでも、『ぼくの、マシン』『逃げゆく物語の話』『量子回廊』『ワイオミング生まれの宇宙飛行士』『ここがウィネトカなら、きみはジュディ』『スティーヴ・フィーヴァー』『原色の想像力』……むしろ大森望さんが乱れ咲きです。

表とか地図とかレベルアップ表とか自作するのが大好きな私としては、これはまとめてみて、傾向を見るしかない、ということで、ささっと表を作ってみました。

ＳＦアンソロジーとして出された一番古いものは、一九五七年に東京元々社の宇宙科学小説シリーズ『宇宙恐怖物語』と『時間と空間の冒険』らしい。これはもうＴｈｅＳＦともいうべき、そのままずばりなタイトルですなぁ。（む、『宇宙恐怖物語』、アマゾンで二八四九円か）。

そこから一九六〇年代にかけては、散発的にちらほらと刊行されて、突如一九七〇年代に入ったところで、アンソロジーブーム到来!!　七二年に七冊、七三年に八冊が刊行され、七九年には一二冊、最多の八〇年はなんと一四冊。七五年から八四年の一〇年間で計八一冊!!

このままブームが続くかと思いきや、めぼしい所を漁り尽くしたのか、あえなく失速。八六年からはアンソロジー冬の時代がやってきます。一冊しか刊行されない年、一冊も刊行されない年を堪え忍び、二〇〇〇年に一気に七冊。そしてここから、不死鳥の如く第二次アンソロジーブームの予兆[*1]（↑イマココ）。

アンソロジーの良いところとしては、何と言っても手軽に色々な作家の作品を読めるところ。日本ＳＦ強化年間の私にとっては、いろいろなおかずの詰まった幕の内弁当みたいで何とも嬉しい。

短篇集を出すほどの作品数はない作家の、優れた短篇の救済措置にもなる。

同じテーマで編まれた作品の味わいの違いも趣深い。

ようするに、嫌いじゃないぜ、アンソロジー、ってこと。

でもそれだけ編者には膨大な知識量とセンスが求められるわけで。

他とかぶらないテーマ性、読者を引きつける新機軸も重要になってくる。

あぁ、大変だろうなぁアンソロジーを編むのって。

と、ここで一つ私から苦労されていると思われる編者の皆様に提案がございます。

アンソロジー、音楽の世界ではコンピレーション。今はやや落ち着いたとはいえ、音楽業界も一時はコンピレーションブーム。手を変え品を変え、色々なテーマのアルバムが出されておりました。

SFアンソロジーもいっそ、そこに習ってみてはいかがかと。

いわく、「泣けるSF」。
いわく、「恋するSF」。
いわく、「自律神経に優しいSF」。
いわく、「究極の眠れるSF」。
いわく、「もてるSF」。
いわく、「青春のSF」。

そしてイチオシ「ご飯に合うSF」。だって前述の『ぼくの、マシン』に収められた「嘔吐した宇宙飛行士」を、ランチにロコモコを食べながら読みかけて、大変な目にあったんですもの。一人ご飯は本を読みながら。お行儀は悪いですが、あたうかぎり時間を活字で埋めたいのです。そんな私のために、ぜひ「ご飯に合うSF」を編んで頂きたい!!

もしくは「お風呂で読むSF」とか。

「寝る前に読むSF」もいいなぁ。

ツイッターでゆうきまさみさんの質問から端を発し、大変盛り上がった「SFの苦手な理由」。この苦手だと思っている人達向けに「SFっぽくてSFっぽくない、少しSFなアンソロジー」もとても有望かと(タイトルが何かに似ていますが気のせいです)。

とすると「読みかけ! あの時太刀打ちできなかったSFをもう一度」とかもいける。

全体的にネタっぽく書いておりますが、池澤けっこう真剣です。SF喰わず嫌いの人達及び、ラノベまでは来たけど後一歩な読者予備軍を呼び込むための撒き餌として、手軽でキャッチーなアンソロジーはとてもとてもアリだと思うのです。

お箸を握り締めて「ご飯に合うSF」を待っております!!

※アンソロジーの刊行データにつきましては「翻訳アンソロジー/雑誌リスト」http://homepage2.nifty.com/te2/b/home.htm を参考にさせていただきました。

# TRPGをやってきた、ヤァ！ヤァ！ヤァ！

ごきげんよう、池澤春菜です。

秋葉原に行ったばかりではありますが……第二回取材に行って参りました!!

取材というか、遊びに行ったというか……ごにょごにょ。

え、ままま、SFとかこの際ちょっと脇に置いといて。前回秋葉原を壊滅させかけた不思議な能力を発揮して、朝ｃｏｃｏさんの乗る新幹線を止めかけた、とかも置いといて。

何と人生初ＴＲＰＧ[*1]であります。

ＴＲＰＧと言えばここ、冒険企画局[*2]さんにお邪魔して、迷宮キングダムというゲームをさせていただきました。

ＴＲＰＧは恣意性と偶然性が絡み合う不思議なゲーム。ゲームマスターの采配のもと、各プレーヤーはダイスに翻弄されつつも、自分たちの意志で物語を進めて行きます。

どこもかしこも地下に閉ざされた迷宮となってしまったこの世界、我が王国【天階ローマ王朝】（ダイスで決まった）の民はわずか五〇人!! 迷宮に飲まれるか、王国を繁栄させられるかは、私達の決断次第。

ここに集うは、飲んだくれ騎士【据え膳喰わぬは女の恥のクリマ】（↓ねりけしおーるどわんずの雪狼[*3]さん）、虫にトラウマを持つ大臣【ドラゴンも裸足で逃げ出す鬼灯】（↓ｃｏｃｏさん）、唯一名前がまともで妖しいと思っていたら案の定隣国のスパイだった神官【レダの娘ファゴット】（↓冒険企画局の方）、一四メガゴールド（＝一四兆円くらい）の借金を背負う忍者【噂をすればゴッホ】（↓冒険企画局の方）、亀の神様を信奉する従者【口から先に生まれたういろう】（↓ＳＦＭの阿部さん）。もう一回言っときますけど、全部、ダイスで決まりました。

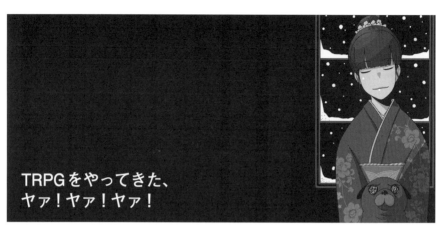

そしてそれを率いるはジョブが怠け者という究極の国王【触らぬ神に祟りなしのデビ】こと、私。そ、そう、私国王になっちゃったんです、いやいやあくまでダイスで!!

このダイスがくせ者。結果は完全にランダム、神様任せとはわかっていても、リアルラック値[*4]だの物欲センサー[*5]といった言葉も出てくるゲーム業界。この日も、借金を抱えた忍者はあらゆる攻撃を空振りし、敵の攻撃には当たりまくり、確実に何か良くないものがついていました。忍者と言えば一撃必殺の上級ジョブ、首切りもしちゃうよ、みたいなイメージ、完全に崩壊。ドジッ子を通り越して溜息と罵声しか出ないョ。

その分、どうやら私には良い神様がついていたようです。いかんなくぐうたら国王っぷりを発揮。結局、戦闘でしたことといえば、

後衛でぐーたら寝ていただけ。でもこれ、歴とした支援スキル、しかも効果抜群。一回も前衛に出ないまま、武器を手にしないまま、寝ているうちに戦闘、終わってました。わ〜国王らしい!!

ちなみに国王である私の好きなものは、ハゲとセレモニー、嫌いなものは薬と節約。ということで、自分の戴冠式を国民全員の剃髪式にしようと、自室に五〇人分のカミソリとシェービングフォームを用意する、夢見がちな一三歳になりました。毛生え薬？ ぺっ。

それにしても。

この日は冬にしては稀《まれ》に見る温かさ。冒険企画局さんのオフィスはなんと豪華一軒家、レースのカーテン越しの陽光、時折吹き込むそよ風。テーブルの上には、道中買った美味しいケーキと、私が持参した特級祁門紅茶[*6]、そして思う存分広げられたゲーム。

子供の頃の私に「こういう仕事もあるんだよ」って言ったら、うらやましがられるだろうなぁ……もしくは「あいつら、私には勉強しろとか言ってるくせに自分は遊んでる」と大人への根深い不信感を植え付けるか。

だけど、楽しかったんだよぅ!!

これ、ファンタジー寄りばかりでなく、もっとSFなTRPGはないものか。キャプテン・フューチャーとかなかなか楽しいと思われます。「わ〜このチーム、サイモン・ライト[*7]が三人にイイク[*8]しかいない！ ノー・フューチャー!!」とか。

もしくはタフの方舟[*9]みたいに、宇宙商人になって銀河を経巡るとか。地球の長い午後[*10]、窒素固定世界[*11]のような、文明が滅んだ後の地球でのサバイバルゲームもいいかもしれないし、もっとライトに、銀河おさわがせシリーズ[*12]みたいなドタバタものも楽しそうだなぁ。

次回はそんなSFなTRPGで遊びたいと思い、cocoさんの上京を虎視眈々と狙う日々。まだかなまだかな。

# ＳＦはもえているか

ごきげんよう、池澤春菜です。

あのぅ……今日は、ぜったいもめるであろう恐ろしいことを、あえて、聞いてみたいのです。

お前今更それ言うか、ではあります。偉大なる先人たちですら踏破できなかった地球最後の秘境、私如きどう考えても遭難必至なことは重々承知。

そこを、あえて。

今、敢然と魔の峰に挑んでみたい。

ＳＦマガジンでこの暴挙……ぶるぶる。でも、私は、この問いを投げかけずには死ねない!!

え……ＳＦって、何ですか？

ウィキペディアには「サイエンス・フィクション（Ｓｃｉｅｎｃｅ Ｆｉｃｔｉｏｎ、略語ＳＦ、Ｓｃｉ‐ｆｉ）は、科学的な空想にもとづいたフィクションの総称。またＳＦは、ＳＦ漫画、ＳＦアニメ、ＳＦ映画などを総称する名称でもある」とありました。

この科学、ってところがポイントなのでしょうが、一概に科学と言い切れないものももちろんたくさんあるわけで。

宇宙人はＳＦ。

宇宙もＳＦ。

でもＵＦＯはオカルトかもしれない。

きっと超能力はＳＦ。

でも魔法はファンタジー。

未知のウィルスはＳＦ？

犬が喋るのはＳＦか、親バカか。

携帯はもはや日常だけど、骨伝導フォンはＳＦだった。

ＤＳもＰＳＰも日常だけど、バーチャルボーイは紛れもなくＳＦだった。

ロボットはＳＦ。

猫型ロボットも当然ＳＦ。

で、猫型ロボットの生みの親[*1]は「少し不思議」と唱え、ハインラインは「ＳＦはサイエンスではなく、スペキュレイティブ（思索）のフィクションだ」と。アシモフは、「ＳＦとは未来の科学と科学者を扱った小説」と言い、スタージョン[*2]は「科学的な部分を取り除いてしまった場合にストーリーがまったく無意味なものになってしまう作品にのみ、ＳＦという言葉を適用できる」と提唱する。

むーむーむー、よりいっそうよくわからなくなりましたぞなもし。

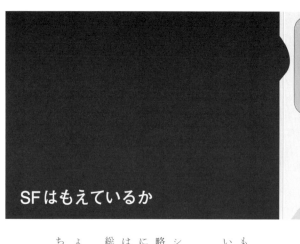

なぜいきなりこんなことを言い出したかというと。

お正月に一気読みした古野まほろ、『天帝のはしたなき果実』、内容紹介の所に「本格と幻想とＳＦが奇跡のように融合した青春ミステリ」とあったのです。SF？　本格と幻想と青春ミステリは頷ける。でも、SF？

そしてその後、アンソロジー『原色の想像力』を読んでいっそう「SFとは何か」に？？？が点灯。

SFが好き、って言うと、やっぱり読まない人からは「え～よくそんな難しいの読めるね」とか「へぇ、子供っぽいの好きなんだね」とか、微妙な反応が返ってくるわけです。

その度に、拳を振り上げ「いいえ、違います!!　SFというのは……」と言いかけはたと止まり、「SFというのは、え、SFとは……なんだろう」と自問自答を繰り返してきた身としては、明確な答えがあるのか、とても気になる。

私の中では一応「可能性の文学」という位置づけではあるのです。もしくは、この連載のタイトルにちなんで、「ステキなもの、なにもかも」。

白と赤を混ぜたらピンク。でも、どこまでが赤の範疇《はんちゅう》で、どこからが白の範疇かは、見る人によって違う。だからカテゴリーわけなんてこんな無駄なことはない、というのもわかってはいるのです。

それでも。

SFとは何か。

どこからどこまでSFなのか。

何が書いてあったらSFで、何が書いてあったらSFじゃないのか。

あぁ、もう考えれば考えるほどドツボにはまっていく（どのくらいドツボかというと、この前の行を書いてから二時間、ゲームの上海に時間を費やしてしまったくらい）[*3]。

SFってこういうもの、という定義を発見した方には、ノーベルSF賞を差し上げても良いと思う。

もしいつか、あなたがSFの定義を発見したら。

こっそり私に教えて下さい。

# 風まかせ、ぶらりSFの旅

ワンフェス[*1]に行ってきたよ、やっふぅ。え、理由？ cocoさんが上京して来て下さったからです。cocoさんと一緒に見たもの、体験したものは、取材です。以上。

でも実際、この取材の時に担当の阿部さんに「私の連載、これで大丈夫ですか？ SFの人に石投げられたりしませんか？」と聞いたら、きれいなジャイアン[*2]みたいな顔で「大丈夫です、この世の中にあるものはなべてSFです」と（一部表現上の誇張がございます）。

火のないところに煙を立たす、SFの気配があれば、例え火の中水の中!! 鰻の匂いでご飯が食べられる[*3]んなら、SFの匂いで原稿も書けます。

ワンフェスと言えば、天下の海洋堂[*4]さん主催の世界最大のガレージキットイベント。と言うか、立体の物なら何でもこい、なカオス空間。ジャンルも素材もお値段も様々。

私が見た中で一番の高額商品は、五二万円の轟天号[*5]でした。二メートルくらいあった。あれは無事売れたのか、と調べたら、五台全部完売だそうです。日本は凄い国だよ……。

安い物もそれこそ一〇〇円からあります（もしかしたら一〇円とかもあるのかも）。

もちろん、主力は美少女フィギュア。でもそこもまた趣味嗜好いろいろあるわけで。人気の物、流行りの物は企業に任せて、個人ブースはむしろいかにニッチなものを作るか合戦みたいなところもあったりして……。

不思議な生物いっぱい。

着ぐるまーさん[*6]も普通にテクテク。あれも不思議な生物、と言って良いかもしれない。

思ったより少なかったけど、ロボットもそれなりに（テコンV[*7]のペーパークラフトが欲しかった……）。

圧倒的人気のソフビ怪獣[*8]の皆様。

去年TOKONで見たあのパワードスーツにも再会（展示場所・保管場所募集中だそうですよ）。

そんな中、SFの匂いを求めて広い会場を彷徨《さまよ》っていた私が出会った物、それはゲームズワークショップさんのお試しミニチュアペイント[*9]。シミュレーションゲーム[*10]で遊んだりするときに使うコマです。

でね、お店のお兄さんがコマの選択の際に「ファンタジーにします？ SF？」と聞いてくれたわけですよ。

来たー!!

私の嗅覚は間違ってなかった!!

喰い気味に「え、えすえふで!!」と答え、さらに「いいもの？　悪者？」との問いに、サイバトロンとメガトロン[11]の色の格差を鑑《かんが》みて、いいものを選択（どうして悪者はいつも黒とか紫とか黄土色とか深緑とかなの？　あれじゃ多少ぐれても仕方がないと思う。私の持論は悪者だから変な色、じゃなく、変な色に生まれちゃったから悪の道に走らざるをえなかった、です）。

　そして私の手元にやってきた、スペースマリーン[12]ちゃん!!　お兄さんが「これで塗ってね」と手渡してくれた青い塗料を、見てない間にそっと戻し、勝手にカーキを塗る私。さらに左肩を赤く……そうです、レッドショルダー[13]です!!　この丸っこい形状、スコープドッグ[14]かザク[15]しかありえない。マリーン？　なにそれ？

　このスペースアーミーちゃん（すぐさま改名）、そのままいただくことができました。今、うちの模型棚に飾ってあります。[16]

　隠蔽力[17]が高くて、ドライブラシ[18]で使えるシタデルカラー[19]は、ガンプラのウェザリング[20]にも良さそう。

　ということで、結局この日、私がゲットした物その1：シタデル絵の具セット。

　その2：なりかけちゃん。カエルになりかけているオタマジャクシのぬいぐるみストラップ。ステキな手触り。

　その3：coco[21]さんがくれた、プラナリアとアノマロカリスっぽい何か。

　……美少女フィギュアは？　企業ブースの限定物は？　なんかこう華やかでばば～んと来て、ど～んとしたものは!?

　ない、です。

　カメラに納めてあるのも、ほぼ変な生き物とロボ。

　「蕎麦屋に行っておにぎり食べて帰って来た」みたいになっておりますが、それもワンフェスの楽しみ方。

　さぁ、次のSFの匂いはどっちからだ!?

# ライトノベルの魔境

今号が出る頃には色々落ち着いていることを願いつつ。こんな時だからこそ、ごくごくいつも通りの話題を繰り広げますぜ。

この間オンエアされた、NHKのMAG・ネット[*1]という番組をご覧になった方、いらっしゃいますか？

といってもずいぶん前の話。

二月後半から三月頭にかけて放送された、第38回特集「マルドゥック・スクランブル[*2]と冲方丁[*3]」に出させていただきました。

それも、大森望[*4]さんと、ハヤカワの塩澤快浩[*5]さんとともに。何というSFM濃度!!

収録の直前、大森さんからツイッターのDM宛に「マルドゥック読んでる？」とメッセージが来て、なんのことだろうと思いつつ「もちろん読んでますよ〜」とお返事をして、気がついたら数日後に収録が。

その時大森さん、スタッフさんとちょうど打ち合わせ中で、出演者の心当たりを打診されていたところだったんですって。正に現場からのトップダウン出演依頼。ツイッターって、凄い。

塩澤さんはもちろんマルドゥックの編集さんですしな。

収録までに一週間ない中、マルドゥック・スクランブルを急ぎ足で読み返し、いざスタジオへ（ヴェロシティと天地明察[*6]も、もう一回読み返しておきたかったけど、さすがにカバーできなかった）。

湾岸の素敵なハウススタジオでした。雪の日で、サンルームが凍える寒さでなければ。あまりに寒くて、三人ともトークの声がどんどん小さくなっていく……クチガマワラヌ。

でも、寒さ以外にも、私には闘うべき敵が。マルドゥックと並ぶもう一つのテーマ。ら・の・べ。

ライトノベルですよ!! どうしよう、ほとんど読んだことないのです！ あ、少し前にコバルトの新刊を毎月全部読むのは、お仕事でやっていた。あと、クトゥルー[*7]関係のラノベは読んでる。

でも、正面切って語るには圧倒的持ち玉の少なさよ（そもそもマルドゥックがラノベや否や、という疑問は置いといて）。

ラノベ、ライトノベル。「表紙や挿絵にアニメ調のイラストを多用している若年層向けの小説」「中学生〜高校生という主なターゲットにおいて読みやすく書かれた娯楽小説」「ジュヴナイル」「ヤングアダルト」「ジュニア小説」……SFより定義付けの難しいこの不定形なんじゃもんじゃジャンル。

私としては、主人公が理由なくモテモテだったり、突然謎の能力が発現しちゃったり、学園都市だったり、子供の頃に何かのフラグを立てていたり、幼なじみが可愛かったり妹が可愛かったり空から落ちてきたエイリアンが可愛かったり戦闘用アンドロイドが可愛かったり不定形のメイドさんが可愛かったりする、要するに自己同化主人公充足型、平たく言えば厨二要素がポイントなんじゃないかと思うのです。あんまり読んでないけど。

　でも、そうじゃないもの、テンプレートじゃないスタイルを追い求めていく風潮も確かにあって。スタイルをどんどん変えていくエネルギーも含めてラノベなのかも。

　なので私は、ライトノベルに代わる新しい呼称を考えよう、と言うときに「ボーダーレス小説」というのを提案してみました。

　でもいざ、マルドゥックがラノベかどうかって話に戻ると、やっぱりこれはどうしてもそうは思えない。

　ライト、か……？

　いや、ライトを読みやすさ、と置き換えるのなら、読みやすいんです。一気呵成《いっきかせい》に読み進めちゃえるんです。

　ウフコック[*8]、ボイルド[*9]、バロット[*10]と言った言葉遊び的なところ、インフレーションしていく強さや、延々と描写される心理戦なんかも、ライトノベルっぽくもある。でもこれをラノベに含めると、ああ、うむ、ううん。

　SFの定義でさんざん悩んだ直後に、今度はライトノベルの定義……呪われてるのかもしれない、わたし。

　どうか今後、「伝奇小説と伝奇ロマンの違いを定義せよ」[*11]とか「中間小説って何と何の中間？」「ジャロ[*12]ってなんじゃろ？」なんて面倒くさい話が来たりしませんように。

　いいじゃない、面白く読めればカテゴリなんて！　俺たちを枠にはめるな、と盗んだバイクで走り出す～、ところで今回はお終い！

# 恋のときめきも愛の激しさも、みんなSFが教えてくれた

早川でほかの出版社のお話をするのも申し訳ないなぁ、と思いつつ、ある意味特殊すぎる分野なのでご寛恕いただくことにして。

ハーレクイン[*1]が面白いんです。

どのくらい面白いかというと、これぞ、という一冊を、自作閲覧図書カードつきでcoco さんに無理矢理送りつけるくらい[*2]（あの本は今、誰のところを回ってるのかなぁ）。

そもそもは、ツイッターでハーレクインの台詞を呟くボットがとても面白かったこと。フォローしてみて、時々つっこんで、そうしたらハーレクインさんが新刊を送ってくださって。読んでみたら、あら、これ面白いじゃない（いろいろな意味で）。

何がすごいって、ハーレクイン、毎月五〇冊、日本だけでも一六〇〇〇タイトル出ているその全部が、二四のカテゴライズのいずれか、または複数に分類されること。大富豪、シーク、望まぬ結婚、オークション、幼なじみ、再会、ラテン系、医者・教授等々。登場人物は最小限。お話はハッピーエンドまで一直線。あくまで主眼はロマンス。

なんという美しいシステム。

でも、惜しいかな、その中にSFはほとんどないんです（過去に一作だけ、ヒーローが宇宙人だったお話があったとの噂あり[*3]）。

ファンタジー寄りのロマンスはあっても、SFがないなんて!!

そう、例えば。

ヒロインは宇宙郵便会社の一人娘。ところが、両親を不慮の事故で失ってしまう。父の会社は悪徳副社長に乗っ取られ、唯一残されたのは整備士としての腕だけ。

借金を返すための初仕事は、なんとあいつの宇宙船!! 今やライバル会社として急成長を遂げた宇宙特配サービスは、かつて淡い思いを抱いていた幼なじみの会社だった。

ところが、再会したジャレド（とりあえず）は別人みたい。「金が欲しいんだろう。だったら僕の言うことはなんでも聞くんだな」。

なぜかジャレドと二人、宇宙特使船に乗り込んで、アルファケンタウリまで密書を届けにいく羽目になったヒロイン。

宇宙嵐、宇宙サルガッソー、宙賊、予想外の超新星爆発、未知の宇宙種族との出会いなど、数々の困難を乗り越えて惹かれあっていく二人。やがて、ジャレドがヒロインに冷たかった理由が明らかになる。些細な食い違いから生まれた亀裂を乗り越えて、激しい愛で結ばれた二人は、力を合わせ、銀河を揺るがす巨大な陰謀に立ち向かっていく!!

なんてストーリーを考えてました。

まさか、それが全部そのまま書いてあるとは。

『闇の船』サラ・A・ホイト。[*4] 硬派な印象の表紙とタイトルからは予想だにしない、直球ＳＦハーレクイン。

地球の権力者階級の娘であるティーナ（気が強くて、腕っ節も強くて、めっさ美人）は、父の部下に突然襲われる。辛くも宇宙船から脱出し、逃げ込んだのは危険なパワーツリーの森。そこで出会ったのは、大昔に滅んだと思われていた、支配主の作り出した亜人間ミュールだった。猫のような容貌を持つキットという名前の青年（人付き合い悪し、複雑な過去と恋愛トラウマあり、めっさイケメン）はティーナを拾い、隠れ里エデンへと連れていく。

うわぁうわぁうわぁ。サラさんに頭の中を覗かれたんじゃないかと空恐ろしくなるほどの一致っぷり。

異文化遭遇、あと二番目の奥さんポジション、現代用語で言うところの「これはいいツンデレ」[*5]、ツボ押さえてます、サラさん。

熱烈なハインラインファンらしいけど、むしろ血中腐女子濃度の方が気になります。

あぁ、でも、思い起こせば。

タニス・リー[*6]の『銀色の恋人』[*7]とか、マキャフリィ作品とか、ハーレクイン要素の高いＳＦはあるにはあるんだよなぁ。あそこまで恋愛に即物的でこそないけれど。うん、私、今更だった、ものすごく今更だったね。

でも!!

サラさんの次回作に大いに期待させていただきたいと思います!! きっとティーナとキットが幸せな生活を送るかに思えた矢先、地球からの追っ手がエデンを見つけて、追いつ追われつの宇宙戦があったり、再度文化の違いに悩んだり、でも最後には種の違いを乗り越えてティーナのお腹に新たな生命が宿って、あれ、誰か来たみｔ（ｒｙ

SFの中にも、もっとこんなロマンス要素満載のものがあってもいいよね
テキサスの恋
えげつない描写…
SFなんだからやっぱり相手はエキセントリックな異星人でね…
ちょっと! なにそのセンス!
春菜ちゃんの美的センスが心配だわ…
まさかこの中でOKなお相手はいないよね?
え… みんなステキで迷っちゃう…
マジで!?

# 蔵書整理という名の死亡遊戯

故あって本棚の整理を始めた私。うすうすやらなくちゃ、とは思っていたのだけど、あまりの物量に見ないふりをしておりました。

でも、テレビの番組で積みプラ（いつか作られる日を夢見て積まれたまま延々時間をすごしていくプラモデルたちのこと。私、積ん読はありませんが、積みプラはもの凄いある）の写真を撮ってくるように、天井まで積み上げるように、との指令が来たのです。場所的にどうしても本棚が写る……しかも青背の辺り……テレビに出るのは一瞬だけかもしれない、でもその一瞬に心血を注ぎ、今までSFに受けた恩を返す時!!

と、燃えて整理を始めたのです。

ついでに、iPad2も買ったことだし、ブクログ[*1]のバーコードリーダー登録機能を利用して、蔵書整理とかもしてしまえ、と。

本棚から文庫を一棚ずつ出して、リビングに積んで、一冊ずつ作者名順に並べ替えて、バーコードを読み取って登録して、また本棚に戻す作業、を延々延々延々延々。

結果、わかったこと。

＊1　ブクログのバーコードリーダー、くせはあるけれど、認識度はけっこう高い。慣れてくるとどんどん捗《はかど》る。

＊2　だけど著者名順がおかしい。並べ替えるとハインラインが一番に来る。と言うことは、R・A・ハインラインのAの部分を拾ってるんだよね？　ハ、じゃないんだ……アンスンの方なんだ……

＊3　タイトル順もなんだかおかしい。タイトル降順で並べて、一冊目が『黒龍とお茶を』[*2]、二冊目が『黒蜥蜴』[*3]、三冊目が『黒後家蜘蛛の会』[*4]、四冊目が『黒い獣』[*5]、五冊目『黎明の王　白昼の女王』[*6]……こくくろくろくろれい……アイウエオ順でもなければ、漢字画数多い順でもない。これは、何順？

＊4　出版社順ができない。なので各出版社が何冊ずつあるのかの把握はできない。

＊5　ジャンル分けもできない。ここでできるジャンル分けは、本かCDか。いえ、本です、本しかないです……

＊6　ベスターの『ピー・アイ・マン』[*7]だけが登録できなかった。でもピー・アイ・マンはピー・アイ・マン、『世界のもうひとつの顔』[*8]ではないのだ。若人あきらが我修院達也[*9]とは違うように。

＊7　あからさまに抜けている巻があってションボリできる。ジョーン・D・ヴィンジ[*10]の『雪の女王』[*11]は上巻しかないのか、とか。家の中のどこかにはあるはずなんだけど。

＊8　あからさまにだぶってる巻もあってウンザリできる。ブルース・スターリングは『スキズマトリックス』[＊12]も『ミラーシェード』[＊13]も二冊ずつ。どうも私にとっての、買ったか買ってないか曖昧になる筆頭作家らしい。

＊9　もう何回も何回も言っていますが、トールサイズェ[＊14]……

結果、早川ＳＦ＋ＦＴ＋創元ＳＦ＋ＦＴ、青、クリーム、ラベンダー、灰色でほぼ構成された私の本棚、六五〇〇冊[＊15]。明らかに抜けている巻、まだ登録できていない巻、文庫以外のハードカバーを合わせると一五〇〇〇冊くらいはいくのかなぁ……う、うん、けして多い方ではないと思う。ＳＦ界には猛者もオバケもたくさんいるから……でも、現段階で収納を絶望視できる数ではある。

そして腰を痛める数でもある。

整理しながら、薄々腰の違和感は感じていたのです。案の定次の日の朝、ベッドから全く起き上がれず。ちょっとずつちょっとずつなんとか半身を起こし、一番手近にあったコルセット（完全衣装用、ピンク、総レース、フリルとレースの塊。どう見てもマリー・アントワネット仕様）をパジャマの上につけて人心地。そろそろと家の中を移動しつつ、今ピンポンがなったら、この姿で出ていくべきか、意地でコルセットを外して池澤春菜大地に立つ[＊16]ごっこをするべきか、もういっそ無視するか。幸い、アマゾンも黒猫も書留もこの日は来ませんでした。ほ。

ぎっくり腰、というよりは、筋肉痛の凄いのだったらしく、数日で痛みは治まりましたが。どうしよう……この後のハードカバー部門……確実に文庫より重いよね。

そう言えばこんな感じで毎回本棚の整理を完遂《かんすい》したことがないんだよなぁ、と思いつつ溢れ出して部屋を浸食している山を見ないようにしている日々。お客様の中にドラえもんはいませんか……

# 楽園ハワイに島流し

唐突ではございますが、今、ハワイにおります。ジャグジーにつかりながら、ハワイの風に吹かれ、波の音を聞き、美味しいノンアルコールカクテルを飲み、バチガルピ[*1]の『ねじまき少女[*2]・下巻』を読んでおります。

優雅に思えるでしょ？

でも、ここに至るまでには波乱万丈の物語があったんです。

実は、今日帰る予定でした。

朝、空港に行き、チェックインも済ませ、荷物も預けて、後は搭乗を待つのみ。

ところが、搭乗開始の時間になっても、それどころか離陸時間になっても、ちっとも動く気配がない。

そこへ入ったアナウンス。「機体トラブルのため、搭乗が少々遅れております」

そのまま、一時間すぎ、二時間すぎ。

一〇ドル分のミールクーポンを貰って一回解散、バーガーキングで食べて戻ってきても、まだ乗れない。

繰り返されるアナウンスも「飛行機のトイレにトラブルがあり」「現在メカニックが」「良いお知らせです、まもなく修理のめどが」と変化していくも、あいかわらず、搭乗案内はなし。

そして運命の一四時半、空港に着いてから実に六時間後、私の耳に飛び込んできた信じられない単語とは。

「……someone wash out……diaper……」

ちょっと待って、今diaperって言った？

私の変な単語だけ覚えている英語脳によればそれは、「おむつ」では!?

行きの飛行機で、誰かがおむつを飛行機のトイレに流したそうです。で、それが詰まっちゃって、全部のトイレが使えません。もう今日はどうしようもないので、一回解散!!

また明日、乗れるかどうかわからないけどとりあえず迎えのバス送るんで来て下さい。

呆然。

おむつ一個で、飛行機、離陸不可能。

六時間、空港で待った挙句、おむつテロ発覚とは。

幸い、家族がまだ数日はコンドミニアムにいるので、航空会社が取ってくれたホテルをタクシーのバウチャー[*3]に変更してもらい、その段階で一番確実に取れる明後日の便をおさえて、その日は終了。

かくして、冒頭の状況につながり、ふてジャグジーと相成ったわけです。

ハワイ、全然SFが似合わないんです。

アメリカ本土は星の数ほどのSFの舞台に

なっているというのに。

　ハワイ×SF、思いつかないなぁ……南の島、と言えばハル・クレメント[4]の針シリーズ[5]だけど、あれはタヒチだし。調べてみても、ポール・プロイス[6]の『破局のシンメトリー』[7]と、あとリロ&スティッチ[8]しか引っかかりませんでした。前者はともかく、スティッチ……SF……？

　椰子の木と、海辺と、そよ風と、常夏は、人からSF的な何かを確実に奪うらしい。

　そんなわけで、予定外のロングステイに減って行くカメラの充電と、減って行く本の残ページ数に怯えながらのジャグジー。

　でも、精一杯、SF的な何かを探し求めたんですよ。

　うちの小皇帝こと甥っ子[9]、実は宇宙からの侵略者なのではないか、なんて叔母らしからぬどす黒い妄想も。だって、グランマ1のカメラをぶん投げて壊しても、グランマ2の顔に石を投げても怒られず、ゲームセンターでは無制限パスを買い与えられて好きな乗り物乗り放題、生まれてからこの方ビジネスしか乗ったことなくてしかもビジネスの食事はまずいから食べない、って!!　絶対この三歳児は感情的寄生型宇宙人だと思うのです。海苔ばっかり食べるのは、それゆえではないか、こっそり観察してみたり（けして私の海苔を奪われた恨みではない。食べたかったけど。すっごい食べたかったけど）。

　実はこの街から隔離されたリゾートは、全部人工物で、いざとなったら完全閉鎖で百年は持つバイオスフィアではないか、とか。

　あぁ、もうでも限界。

　椰子の木、葉擦れ、波音、ジャグジー、そよ風、気だるいハワイアン・ミュージック。そしてトロピカルドリンク……確実に私の中のSF要素に止めを刺すハワイ。

　そう、ここは楽園という名の煉獄。

　タスケテ……ェ……

南国の優しい風に抱かれ
片手にトロピカルドリンク
片手にバチガルピ…
朝から晩まで
美味しいものいっぱい食べて…
甥っ子に振り回され
予期せぬトラブルにオロオロし…
なんだよう。いつもと一緒じゃんかよう
夏のアバンチュールや水着でキャッキャとか描きたかったのに
ブツブツ
サービスカットでもないと、読者も納得しないよ

# 春菜の呼び声

ｃｏｃｏさんと一緒に取材に行こう第……第四弾くらい～～～～!!　え～とはんだづけカフェ行って、迷キンで遊んで、ワンフェス行って……あ、うんうん四回目。

今回はコ《C》ール・オ《o》ブ・ク《C》トゥルー、クトゥルーの呼び声をプレイしよう、という企画です。迷キンに続き、人生二回目のＴＲＰＧ。

ジョブ怠け者という究極の国王【触らぬ神に祟りなしのデビ】となって、寝ているだけで国難を退けた私。さて今回はどうなるか。

この日も、取材となると時空をゆがめる私の怪能力ががが。目の前で一緒にご飯を食べているのに、ツイッターでｃｏｃｏさんが「池澤さんがまだ着かない」と呟いておられる怪奇現象。そう、この時から私は既に違う世界線[*1]に紛れこんでいたのです……

ＣｏＣは、その名の通りクトゥルーもののＴＲＰＧ。今回キーパーである友野詳[*2]さんが設定した舞台はアラスカ、ハッピーファウンテンという怪しい名前の小さな町の外れにある博物館が舞台です。

メンバーは、日本から来た一本気な職人江《え》戸《ど》門《もん》弾鉄[*3]（ＳＦＭ編集部の阿部さん）、異様に高いスペックの主人公ポジション、元軍医のハンニバル・ヘクター[*4]（『萌え萌えクトゥルー神話事典』の著者にして今回の主催者森瀬繚[*5]さん）、友人を訪ねてきたら巻き込まれた警官というヒロインポジションのロビン・トレンブリー[*6]（ねりけしおーるどわんずの雪狼さん）、無駄に顔だけいい日本から来た天文学専攻大学生ヤサカ（『這いよれ！ニャル子さん[*7]』の著者逢空万太[*8]さん）、お馴染み帆掛舟[*9]さんはフィールドワークで滞在中（ｃｏｃｏさん）。

そして私は、ヒット曲を持つもののその後が続かなく人生探しの旅に出た歌手アリシアさん。このアリシアさん十八歳、体力もなく頭もほどほど、ぱっとしない容姿、力も精神力も低い……なのに、正気度と幸運だけが異様に高いキャラクター……あれ、もしかしてまたダイスの神様のイタズラ？

物語は、ダウンバースト[*10]の起こった極寒の地、外には謎の白いフサフサ[*11]、館内には謎の黒いねばねば[*12]、という絶望的な状況から始まります。

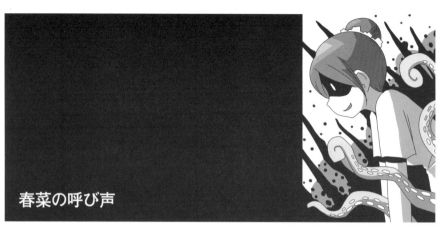

古代から伝わる翡《ひ》翠《すい》、館内に取り残された一般客、開けられたコンテナ、地下で発見された用務員のジャックさんらしきシミ……そして先住民の伝承にある封印の旋律。

絶体絶命の中、弾鉄さんが下半身を黒いねばねばに飲み込まれ大変な事に!!　引っ張るハンニバル、茫然自失ロビン。このチームの

良心帆掛さんが指示を出し、ヤサカさんは極力何もしない方針、一人プ○キュアを歌うアリシア。あっ、アリシアさんの腕にもねばねばが!! と思いきやアリシアさん、腕を骨折&ねばねばに憑依されるも偶然完治、そしてこの一連の惨事にも一切動じない。SAN値*13ほぼ減らず。アリシア、恐ろしい子……

謎の隠密能力を持つ、無駄に顔の良いヤサカさんは、白いフサフサに見つからないように館長の家に忍んで行きます。ところがこの館長、マーシュ家*14の末裔だった!!(ここで一同「じゃ仕方ない」と頷く) 何とか説得を成功させ、封印の翡翠を持ち帰ることが出来たヤサカさん……あぁ!! 白いフサフサに気づかれた!! その時外へ駆け出し間一髪注意を引きつけたハンニバル先生! フサフサの冷凍光線を浴びて、最初の犠牲者となりました。ぐすん。

私達の手元には、これで旋律と楽器、そして封印の翡翠が揃い、いよいよ決戦の時。地下室にて、白黒を待ち受ける一同。

ねばねばふさふさ、纏《まと》めて連れ去ってもらおうと、風に乗りて歩むものを召喚するも、それには確率で生け贄が必要で……うわ、ロビンさんが!! 二人目の犠牲者、ぐすん。

アリシアさんは、世界を救う判定55の目で一回で54を出し、ウェンディゴを目の当たりにしてもけろっと、最終的にはクトゥルーの知識が増えたにもかかわらず、SAN値は開始時より上がるアリエナサ。

数名の貴い犠牲者を出しつつも、この世界の平和は守られたのでありました。アリシアさんの、ぼえ~*15で。一番早く死にそうだったのに……あらゆるフラグをへし折りもぎ取り木っ端微塵にして生還。

TRPGの魅力にはまりつつある私、ゲームブレイカーではありますが、またお誘いいただければアーカム*16でもダニッチ*17でも、いつでも馳せ参じます!!

# ケケケケハレケケハレケ
# ハレケケケケハレケ←イマココ

え〜、地デジ地デジとかまびすしい世の中ではございますが、実は今、うちにはＴＶがございません。ビデオもございません。ファックスもございません。電話もルータもございません。

　地デジ移行に伴い、いろいろ考えて、全部やめちゃいました。

　ＴＶはいざとなったらＭａｃに地デジ対応のキャプチャーユニットをつければ済む。モニター27ｉｎｃｈあるから充分だろう。録画も当然Ｍａｃでできちゃうし。ＤＶＤも見られる。

　ファックスも実質事務所から送られてくるだけ。それも、最近ようやくうちのマネージャがメールという文明の利器を覚えてくれたので使用頻度は減ってきている。

　電話も携帯さえあれば。

　インターネット……これは今、ｄｏｃｏｍｏのモバイルルータで繋いでいます。ｉＰａｄ、ｉＰｏｄ　ｔｏｕｃｈを繋ぐ用に申し込んだんだけど、五台までいけるので、じゃあこれでいいじゃん、と。月額Ｍａｘ、四〜五千円。さすがにちょっと遅くはあるけれど問題ない使い心地。

　そうやって一個ずつ片付けていったら、まぁ、すっきり。

　帰ってきて何となく音が欲しくてつけていたＴＶがないと、静かですなぁ。ずるずると深夜番組を見ることもなく、早寝早起き。世事にはうとくなるけど、ニュースサイトがあるから、まぁ基本的な情報は入る。

　ＴＶ台もないから、お部屋も広々。

　固定電話もファックスも、なくても全然問題なかったんだなぁ。

　こういうものって、だいたいわ〜っと広がって、機能が増えて、細分化されて、面倒くさくなって、段々簡略化されて、スッキリして定着（もしくは消滅）、という道を辿るよね。プリンタとファックスとコピー機とスキャナが一体化している奴スゲーと思って飛びついて、結局不便だった、と気づく一年後、みたいな。

　バーチャルボーイ[*1]とか、ＰＣエンジンＬＴ[*2]とか、骨伝導フォンとか、時代を先取りしすぎたガジェットもあったよなぁ。

　ガジェットＳＦ[*3]は大好きなので、いろいろ作品中でときめくアイテムもあります。

　やっぱり車は「ハァイ、マイケル」[*4]って挨拶して欲しいし。

　軌道エレベータで雲間を眺めながらメランコリックな物思いにふけりたい。

　光学迷彩[*5]で、しゅわしゅわ〜と消えたり。

視界の端っこにデータを映したり。

　どこでもドア、早くできないかなぁ。満員電車、やだもんなぁ。

　カエアンの聖衣があれば毎日着ていく服に悩まなくてすむ（人格乗っ取られるけど）。

　超音波カッター[6]はもう模型用が出てくるくらいの日常ツールだけど、そのうちレーザーデザインナイフとか、パルス式ケガキ針とか出てくるのでしょうか、はぁはぁ。

　ミノフスキー粒子の柱[7]に乗って、大きな白い強襲揚陸艦[8]が浮かんだり。

　虫歯くらい中から治していただきたい。

　三角形のものはたいてい飛ぶ、というデンジ推進システム[9]で、飛行機も車も全部三角になったり。

　Lionはマルチタッチジェスチャーでマウスがいらなくなったから、SF的な空中に浮かんだ半透明のモニターでいろいろ操作する、みたいなのも、もうあとちょっとなのかなぁ。

　あぁ、でもそういう素敵なガジェットも、一時期夢中になって、どんどん機能が増えて複雑になって、面倒くさくなって、全部スッキリさせる、という道を辿るのでしょうか……あらゆる髪型を試した人が最終的に坊主に辿り着く、みたいな。

　え、私？　確かに、ショートヘアもロングヘアも、エクステも、実はドレッドもやったことありますが、さすがに坊主はなぁ……う〜ん坊主かぁ……坊主、楽かな（ぼそ）。

　訳の分からない〆になってしまった今回ですが、次回は大丈夫!!

　取材に行った回がハレの日だとしたら、何にもない回はケの日。ケケケケハレケケハレケハレケケケケハレと来て、今回はケ。次回は大ハレの日!!　静岡のSF大会の模様を増ページでお届けしちゃいます。cocoさんの書き下ろしレポート漫画が六十ページくらいあって、私の文章が三行くらいです。

# 嵐の船出!!
# 第50回日本SF大会ドンブラコンL

**＊大会前夜**

一昨年は遠くから見ているだけだった。
去年は思い切って足を踏み入れてみた。
なのに今年、私は、ここにいる……

と、しみじみと思いながら眺めるのは、猫の手も借りたいような大騒ぎまっただ中の第50回日本SF大会ドンブラコンL＊1本部室。

大会前夜、夜九時。

私は、なるべく邪魔にならないよう足を縮めて、壁際の椅子に腰掛けています。

ぐるぐるなるお腹。

そっとツイッターで呟く。

「スタッフさんがあまりに忙しそうで、お腹空いたなんて言えない……」

第49回日本SF大会2010TOKON10。

全てはそこから始まりました。

勝者の祭典、セレブの聖域、選ばれし者のみが立ち入りを許される神の領域……そう思っていたSF大会に生まれて初めて、子鹿のように震えながら足を踏み入れた去年。

その時、ご挨拶させていただいた次回大会の主催者様が、まさか私をゲストに呼んで下さるとは。

数々の折衝《せっしょう》を経て決まった私のポジション……なんと、オープニングとクロージングの司会。どうしようどうしよう!! いきなりそんな大役どうしよう!!

今までミジンコクラスだったのに、いきなりヒエラルキーを駆け上って、ヒトになった気持ちです。

折しも日本を直撃しつつある台風12号。大会前日、未だ私の手元にないオープニングの台本、ますます大きな声で空腹を訴える私の胃袋。風雲急を告げるドンブラコンL!!

**＊2011年9月3日**

明けて大会当日。

空模様は相変わらずの不穏な台風色。

この日の私は、ドンブラコンL、そして会場となったグランシップに合わせて、セーラー襟のGジャン着用。胸には華々しく、手持ちの記章をありったけ、そして燦然《さんぜん》と輝く2nd Prizeのバッジもぶら下げてみました。去年の暗黒星雲賞＊2、人づてに「噂は聞くのに、なかなか会えない非実在池澤春菜」が次点だったらしいことを聞き、自分で自分に記章を……う（涙）。

今回の会場グランシップ、凄い所でした。

形は正に巨大な船、第一艦橋、第二艦橋なんて呼ばれている部屋も。58ｍもある吹き抜けの大ホールなんてもう、コン・バトラーＶ[*3]を格納するためだとしか思えない。しかも反対側の入り口は18ｍ……連邦の白い悪魔[*4]がジャストフィットですよ。
　これはもう、ＳＦ大会をやるための会場と言っても過言ではないのでは。
　ただ、多分に広くて……視聴覚室なんて、一階メインの入り口ホールまで降りて、数多《あまた》あるエレベータの中から、二階に止まる一基しかない正解を見つけなければいけない、という難易度。素晴らしい場所だったけど、あの迷路っぷりはなぁ……。

さぁ、いよいよオープニングの始まり。

ドンブラコンＬ、それは宇宙への船出……ＳＦ者を乗せ、二日間のＳＦの旅へ、今船出します!!

ばばーん!!

決まった!!

え？　次のプログラム発表の先生が来ていない？　えと……じゃ、壇上から呼びます。○○先生〜○○先生いらっしゃいますかぁ……し〜ん……いない、と。じゃあ、つ、次のプログラムに移ります。

ああ、このゆるさがＳＦ大会的。実は前回のオープニングもクロージングも拝見できなかったので、いわゆるノリ的なものが良くわかってなかったのです。「天下の星雲賞[*5]の発表を私が!?　ひぃいいいい」と怯《おび》え上がっていたら、通常は司会はいない、ゆえにもっとゆるい……らしい。
　あと、「暗黒星雲賞欲しいんで、組織票入れて下さい!!」ってのも壇上からしっかりお願いしておきました。
　オープニングが終わったら、即、次のプログラムへ。実は前夜の何気ない「小さなお茶会[*6]とかもやってみたくて」という一言から、

みるみる話が転がり、たまたまいらっしゃれなくなった先生の枠を貰っちゃいました。

小さなお茶会は、一コマ90分、先着10名様とお茶を飲みながらお話ができる素敵な催し。今回も萩尾望都[7]先生や、笹本祐一[8]先生をはじめとする錚々《そうそう》たる顔ぶれだったのですよ〜。

90分10名様と……2時間1200名とか、20秒1名（握手会にて）なんかはあっても、10名とじっくり話をするのはあんまり経験ないなぁ。でも、お話上手なお客様のお陰でとても楽しい時間になりました。お茶もお菓子も美味しかった。こんな催しが有志で開催されているなんて、SF大会恐るべし。次回はお客様でも参加してみたいかも。

お茶会の後は一度グリーンルームというゲスト控え室に戻り、そこで……えと、美人漫画家さん、しかも人妻に、ピンクの白衣&網タイツで、踏まれました。えへ。

なんとゲスト控え室に、整体と足圧マッサージの方が常駐している、という至れり尽くせりっぷり。しかもお代はお気持ちで構いません、と。これはもう、踏まれるしかないでしょう!!

しかし……並み居る先生方が、それはもう幸せそうな顔で網タイツ白衣に踏まれている様は……なんて言うか……日本SF界の盤石性を感じさせるに充分な光景でありました。

その後は、毎年恒例手作りプラネタリウムで3D宇宙の神秘に触れて、出張本屋さんで『時の地図』[9]上下巻を買って（NVの白い背だから書店で見逃していた）、着物部屋を覗いて、JAXA[10]の公演を拝見して、先日TRPGでお世話になった森瀬さんのクトゥルーパネルを90分立ち見して、交流会の抽選会のお手伝いをして役得で衛星ストラップを貰って終了。

**＊2011年9月4日**

明けて二日目。

茄子紺《なすこん》の絽《ろ》の夏着物に、マトリョーシカの帯で気合いを入れます。マトリョーシカはSFである、との持論からの選択。

この日は朝からケロロ[11]のパネルに参加。実は前回、こっそり客席で見ていて「けっきょく桃華の話は出なかった」とツイッターで呟いたのを主催の方がいたく気にされ、晴れてゲスト参加となったのです（こんなのばっかり）。なので今回はバッチリ、ケロロの地球侵略に於ける西澤家の役割、ていうかぶっちゃけ世界予算の半分を牛耳ってるってどういうこと？　を討論して参りました。バカカー

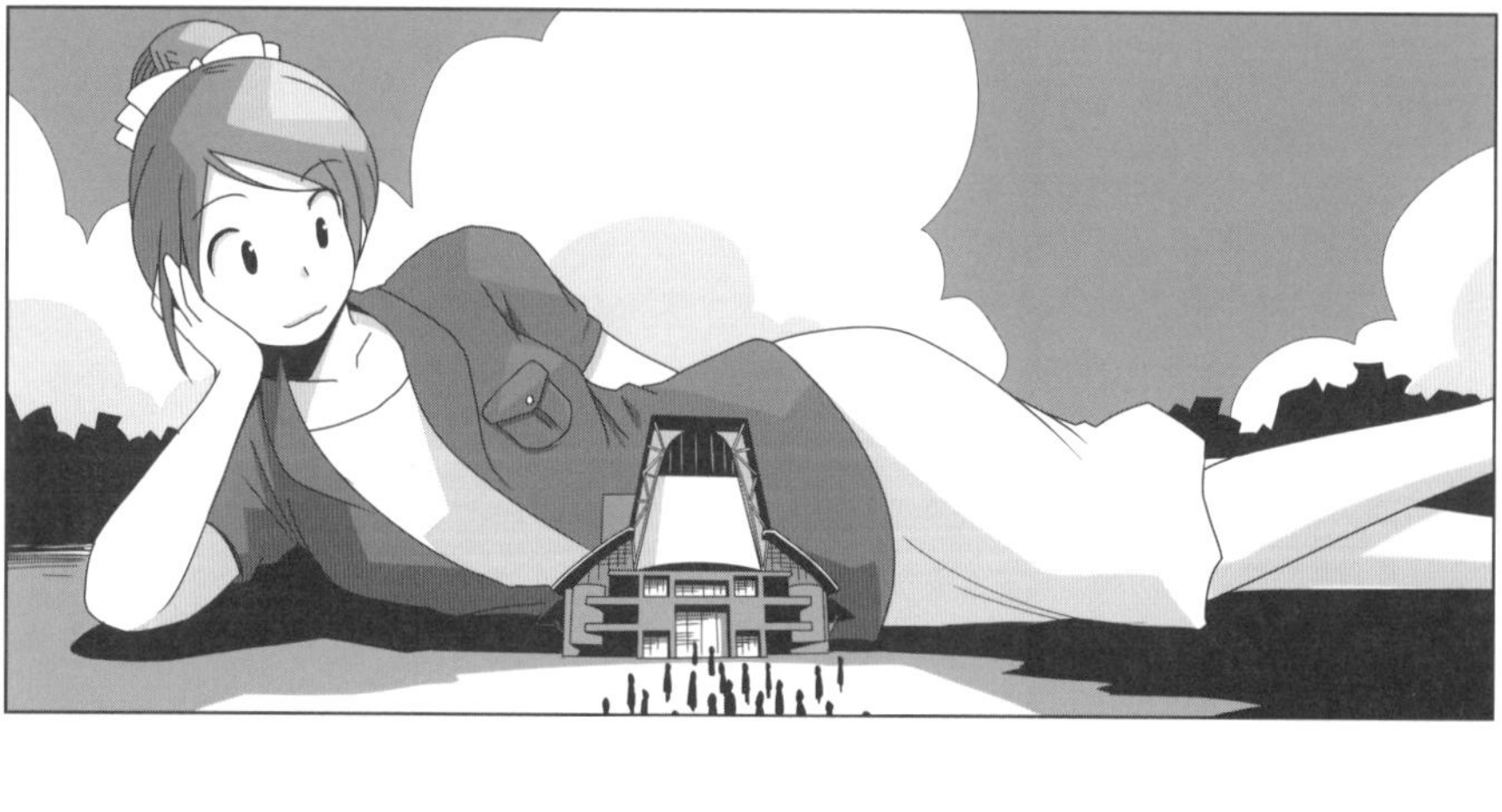

ドというカードで引いた語句を組み合わせて行うゲームでも意外な才能を発揮して雅号をいただいたり。

その後はクロージングの打ち合わせ。後数時間でこの台本をどこまで面白くできるか鬼気迫る相談。

翻訳家パネル[12]を覗いて、~~生々しい~~リアリティ溢れる現場の意見をうかがったり。

ティーブレンダー熊崎さん[13]のアメージングカフェ[14]で、美味しいお茶をがぶがぶいただきつつ、地元の若き茶農園さんにお話を聞いたのも楽しかったなぁ。SF関係ないけど……

クロージングでは、卑怯な力全開で、見事暗黒星雲賞を射止め、次点が小松左京先生だとお伺いして壇上でフライング土下座。[15]

二日間、グランシップで別の星、SFの星に旅に出ていたような、そんな時間でした。明ければ日常、また明日からSF者は広い世界でやや肩身の狭い思いをしつつ、いつか来る未来を夢見る……

帰りの新幹線の中で、勝者のお菓子うなぎパイVSOP[16](5枚840円:当時)を齧《かじ》りながら、一人自分を労《ねぎら》った二日間でした。

SF大会、総括すれば、大人が真剣になって好きなもののために全力を振り絞る日々であり、オタクで良かった、と心から思える日々であり、同好の士の結束力に呆然とする日々でもあります。セキュリティのこととか施設の使用に対する気遣いとか、SF者の血中善人度やモラル度は日本一かもしれない。そこには、迫害されてきたからこその「SF者は行儀が悪い、と誹《そし》られてはいけない」という強い思いがあるのですなぁ……ほろり。

また行きたい、と心から思えるSF大会でした。

でも次回は夕張……北海道かぁ[17]……うううううううううん……

# 春菜白牡丹、碧螺春にて廬山雲霧を撃破!!

オナー・ハリントン、[*1] クリス・ロングナイフ、[*2] ニミュエ・アルバン、[*3] ニコラス・シーフォート、[*4] マイルズ・ヴォルコシガン、[*5] ウィラード・フール[*6]は違うかしら……でもエンダー・ウィッギン[*7]はそうだよなぁ。

と、名前だけ並べた時点で共通項がわかる人はたくさんいる気がします。

今回のテーマは、軍事ＳＦ。[*8]

「ＳＦは好き、でも軍事ＳＦはちょっと苦手」と、いつも言っている私ですが。

よく考えてみたら、ヴォルコシガン・サーガは大好き。

銀河おさわがせシリーズも好き。

エンダーシリーズもだいたい好き（好き〜普通、のレベルの差はあれど）。

クリス・ロングナイフも面白くて、続刊が楽しみだし。

あれ、意外と読んでるじゃん。苦手じゃないじゃん。

でも、オペレーション・アーク、銀河の荒鷲シーフォートは読んでないな……紅の勇者オナー・ハリントンは最初の『新艦長着任！』上下巻を読んだ記憶はある。が、その後続いてないということは、何らかの理由で挫折しているんだ。

この何らかの理由、がポイントなのかも。

皆さんもありませんか？　苦手ジャンル。

サイバーパンク[*9]だけはどうもダメで……とか。

サイバーパンクは行けるが、スチームパンク[*10]がダメだ、とか。

ハードＳＦ[*11]はいつも挫折する、とか。

セカイ系[*12]が肌に合わない、とか。

スペオペ[*13]についていけないことがある、とか。

どうしても歴史改変もの[*14]に手が伸びない、とか。

あると思うのです、ＳＦ好き嫌い、ＳＦ食わず嫌い。

でも、現実に於いての好き嫌い食わず嫌いに関しては、私、徹底的に分析して、ある程度は克服できてる。

ＥＸ１：鶏皮とか豚の脂身。苦手意識の発端は、ほぼ給食にあり。原因は、臭みと、あのぐみぐみした食感。臭みは飼料の匂いが脂身に貯えられるから。なので、良い飼料を食べて育ったちょっといいお肉で、なおかつカリカリにするなど食感を変えれば行ける。

ＥＸ２：酢の物。これはうちの母が酢魔神で、固焼きソバなのにいつの間にか汁ソバになるくらい酢をかけていて、その匂いだけでむせたトラウマから。なので、火を通して、

ある程度お酢成分を飛ばして使用。

EX3：甘い煮豆。デザートだと思って、食後にまとめて食べる、で解決。

分析していくと、苦手だと思っていた物にも攻略法は見つかる。

よ〜っし。軍事SFに於ける苦手要素の分析だ。

まず一番大きいのが、役職がわからない。中将と中佐ってどっちが偉いの？ 司令官が偉いってのはわかるけど、総司令官と元帥だったら、どっちが上？（更に言えば、部長と課長ってどっちが偉いの？）

ウンタラ級カンタラとか、ウンタラ口径カンタラとか、専門用語について行けない。漢字は好きだけど、三菱重工長崎造船所製第二世代型対空誘導弾搭載駆逐艦太刀風（古野まほろ『天帝のみぎわなる鳳翔』より）とか、目が泳ぎ出します。スーパーカリフラジリスティックエクスピアリドーシャス[15]、的な。

出てくる登場人物が多すぎて、混乱する……巻頭、もしくはカバー折り返しの人物表を何度もめくりながら読まないといけない。

つまり……まとめると、知らない世界の単語がいっぱい出てきてややこしい。

今までに抵抗なく読めている作品に関しては、そこらへんの下ごしらえがうまいんだ、きっと。

だったら、「知ってる世界の単語に置き換えてみる」というのはどうだろう。

「巡洋艦」が「廬山雲霧[16]」で。

「短距離艦対空誘導弾」が「碧螺春[17]」。

「大元帥」が「白毫銀針[18]」なら、「大将」は「白牡丹[19]」、「大佐」は「壽眉[20]」か。

おお、わかりやすいぞ!! 相手の土俵で勝負しようとするからだめなんだ。アウェーではなく、常にホームで。

よ〜し、まずは挫折した「紅の勇者オナー・ハリントン」改め「紅の勇者古樹御賞青餅11年[21]」にもう一度チャレンジだ!!

# 春菜粛々と、いつか河を渡る

SFマガジンでの連載も、なんと十九回目……次回で二〇回イヤッフゥ!!

もうちょっとで二年です。五年頑張ったらご本になるかもしれません。[1] だって一二×五年で六〇です。エッセイ六〇本は、けっこうなボリュームです。文字数にすると、一〇万文字以上だから、うむむ……一冊の本にするにはだいぶ少ないけれど、でもcocoさんのイラストとか、漫画とかもあるしね。うふふ（約束はしてないですよ、と慌てているだろう担当さんのお顔を脳裏に浮かべながら）。

でも、本を出す、という言葉に、私はもう少し真面目に向き合わなければいけない事情があります。

何を隠そう、うちの父は作家です。池澤夏樹といいます。

何を隠そう、うちの祖父は作家です。福永武彦といいます。

何を隠そう、うちの祖母は詩人です。原條あき子といいます。

物心ついた時から、数え切れないほど尋ねられた言葉。私にとって、未だになんて答えれば良いのか、どう向き合えば良いのかわからない言葉。

「春菜ちゃんは書かないの？」

ここで言う書くは、たぶん今書いているエッセイ的なものではなく、いわゆる小説。

書くのかな。

書くべきかな。

書きたいかな。

書けるかな。

いろんなグルグルが溜まりに溜まって、もう逃げているような、見ないフリをしているような。

福永武彦の最初の上梓『塔』[2]が、三〇歳の時。

福永武彦を父に持つ池澤夏樹が、グルグルを振り切って最初の小説『夏の朝の成層圏』[3]を発表したのが、三九歳の時（それまで翻訳や、詩作はしていたけどね）。

そうすると、福永武彦を祖父に、池澤夏樹を父にもつ私が、二重グルグルを振り切ってデビューする予想年齢は……五〇歳。五〇歳!? なかなかに遅咲きですなぁ。

そんなことを改めて考えているのは、父がまとめた祖父の日記、『福永武彦戦後日記』[4]を読んでいるから。

文学で身を立てる決意を固めながらも、様々な事情に翻弄される若き日の祖父の言葉の一つ一つが、胸を抉《えぐ》って、なかなかページが進まない。

戦後、病魔、愛する妻とのすれ違い。それでも、祖父は、真摯に光の見える方へ歩んでいこうとしている。振り返って自分は何をしているのだろう。

日々が無為に、何も産まず、ただ過ぎ去っていく恐ろしさ。そしてそのことに目をつむっている怠惰。気づくとたんに怖い、足下の暗黒。

光差す向こう岸に渡れるのなら、渡ってみたい。そこにもきっと、恐ろしい鬼はいるだろうけど。

それでも、未だ彼岸《ひがん》に渡れない理由のもう一つは、読み過ぎて何を書けばいいかわからないという足かせ。

面白いもの、素晴らしいもの、度肝を抜かれるもの、一生読み続けていきたいと思えるもの……良書に囲まれすぎて自然と荒くなる鼻息、気負い、矜持《きょうじ》。

これを越えるものでなければ、書く意味がない。

そんな風に思っていると、いつしか雁字《がんじ》搦《から》め。かといって、取り立てて優れた読み手でもないので、評論もできず。

要するに、娯楽読みのなれの果て。

そんなネジネジも振り切って、好きなものを好きなように書いたらなんかできました、評価とか気にするけど気にしません、良ければ読んで下さい、に到達するには、もう少し時間が必要なのかも。

書くこと自体は此岸《しがん》にある。

でも、まだ物語は彼岸にある。

目の前の河を、どう渡ろうか、思案中。

全方向レーダーな好奇心は、まだまだあちこちふらついている。

回り道も寄り道もたくさんして、いつか深くて暗くて早くて冷たいと思っていたこの河が、意外と渡りやすい事に気づいた日に。

日が暮れる前には、渡りたいなぁ。

小説かあ 小説ねぇ…
書くのかな 書くべきかな 書きたいかな 書けるかな
ぐるぐる悩んでるくらいならとりあえず書き始めてみたら?
書かない理由は無数にあるけど書く理由はひとつだけ
書きたいから書くんだよ
COCOさんが最近全然描きもせずに写真撮ったりTWITTERに常駐してばかりなのは
描きたい意欲が失せたからなのかな?
かな?
ちょっとマテ

# 都市と都市とSF

わたくし、「楽園ハワイに島流し」にて、誰かが飛行機のトイレにおむつを流した「おむつテロ」により、ハワイに閉じ込められた経験を書かせていただきました。綿密に計算して読む本を持ってきたのに、二日間も延長!! いかにハワイという土壌とSFが似合わないかを、ジャグジーにつかり、椰子の葉擦れと波音を聞き、トロピカルドリンクを飲みながら、切々と。

翻《ひるがえ》って。

SFが似合う町もあります。

私の中で台北はベストSF大賞。

数日前の二十数回目の訪台[*1]で、そんなことをつらつら考えていました。

ベタな言葉を使えば「猥雑な雰囲気」とか「混沌としたエネルギー」とか「古き物と新しき物が交雑する」とか、ですかね。

確かに、一〇〇年前から建っていそうな古い古い建物の間を、最新のMRT[*2]が走っていくし。仙人みたいなおじいちゃんが、ひょうひょうとiPhoneを操作してるし。廃屋みたいなお店の軒先には、雨後のタケノコのようにCD‐romのバルクの塔がにょきにょきと。もはやどこのパーツか解らない種々様々な内臓肉の入った総合麻油湯[*3]をいただきつつ、世界中のテレビをザッピングして見ていたりすると身のうちにフツフツと「この町はSFだ!!」という思いがこみ上げてきまする。

バチガルピやギブスンを例に出すまでもなく、アジアとSFって合うんですよね。

バンコクとナノテクノロジー[*4]とか。

台湾とアンドロイド[*5]とか。

ムンバイと超々高層建築とか。

シンガポールと電脳世界[*6]とか。

バクーと光学迷彩とか。

あぁ、うっとりマッチング。

せっかくなので、あくまで独断と偏見で、世界の国とSFとのマリアージュ（笑）を妄想してみました。

北欧の雪は綿密な天候コントロールによるもの、その雪景色を機械の体を持つトナカイが闊歩《かっぽ》する。

うん、あり。

アフリカに絶滅危惧種を保護するための超巨大バイオスフィア[*7]を建設、ノアの方舟と命名。

うん、コテコテ。

ミクロネシアやメラネシアの島々は、上田早夕里さんはじめ、数々の海洋SFの傑作があるので言わずもがな。

中南米あたりは、古代宇宙人の遺跡、もし

くはある日いきなりモノリスが[*8]、というクロノリス[*9]展開がある。

　ロンドンと言えば、蒸気エンジン。ヴィクトリア＋ＳＦも垂涎《すいぜん》の組み合わせ。

　しかし……単純に私の想像力の貧困さと不勉強ゆえ、なのですが、アメリカの大都会が意外と難しい。

　カナダはあり。色々な国の移民が仲良く暮らしているから、出島的宇宙人コロニーとかできそう。世界一大きいウエスト・エドモントン・モールなんて、あれは完全に宇宙コロニー、サイド6[*10]だし（モールの中に、湖と海賊船あるんですよ。有事には宇宙に向かって発進するに決まってるじゃないですか）。人工雪と人工アルバータ牛[*11]とかもあり。

　オレゴンとかユタとかオマハとかワイオミングに、宇宙船が、とか。実は町一個宇宙人だった、とか。

　ニューヨーク……むむむ。ソイレント・グリーン[*12]、ブレードランナー[*13]、ニューヨーク東8番街の奇跡[*14]、アイ・アム・レジェンド[*15]、ユービック[*16]、鋼鉄都市[*17]、……沢山あるにはあるんだけど、あんまり町そのものの印象がないなぁ。つまり、ニューヨークじゃなくても、ワシントンとか、サン・フランシスコとか大きな都市ならいいような。町そのものの特性を活かした物語が難しいのか、そもそも町に特性がないのか……

　ＳＦって未知のものに対するワクワクやドキドキ。だから、異国情緒と結びつきやすいのかもしれない。半径一〇〇ｍ以内の物語を描いた、我が家の庭的ＳＦももちろんあり。でも、物語を大きく、きらびやかにしていくのなら、やっぱりそこに異国情緒が欲しい（異国情緒の最たるものは、異星情緒、なわけですし）。

　し〜らないまぁち〜を、たびし〜て〜み〜たぁい。でも、できればいつの日か、し〜らないほぉし〜を、たびし〜て〜み〜たぁい。

ニューヨークを印象的に描いた作品って少ないなあ
いっぱいあるじゃん『ローズマリーの赤ちゃん』『サンテリア』
ホラーばっかりじゃん
だっておいらそっちの人だし
ＳＦはもう弾切れ？
む〜……『ニューヨーク1997』！
お、カーペンターを取られてちょっと悔しいぞ
『マンハッタンの戦慄』！
『キング・コング』！
『アメリカン・サイコ』！
『ウィンターズ・テイル』！
『サングリア』！
マニアってほんと負けず嫌いよねー

# 爪楊枝装備勇者、いざ冒険の旅へ

作家はどこまで己の杵柄で作品を書けるのか。あるいは、三つ子の魂は百まで保つか。なぁんて難しいこと言ってるようですが、いわゆる伝家の宝刀ってやつです。私だったら何冊まで「謎に包まれた声優界　裏切りと挫折の物語」シリーズで引っ張れるか。

一応特殊職能に従事しているので、それなりに興味を持ってくださる方はいると思うんだけどね（筆力の話はこの際置いといて）。

だって、SF作家の皆様、とんでも無い切れ味の宝刀持ちばっかりなんですもの。

そう思ったのは、グレッグ・イーガンの『プランク・ダイヴ』*1を読んでいるとき。私が何時も、とんでも料理のレシピをにやにやしながら眺めるが如く「また凄そうな風呂敷をふぁさ〜っと広げてらっしゃる、ふふふ」と読むイーガン先生です。つくづく、この人の頭の中はどうなっているのかしら……と。

「クリスタルの夜」の、凄いAI作ろうぜってのは、まだ何となくわかる。

「エキストラ」。これは素材一本勝負、だよな。例えるなら焼き松茸。

「暗黒整数」。さぁてここからイーガン先生が本気を出して参ります。え〜と……二つの世界があって、両者は数学的な基礎基盤が異なっていて、で暗黒整数という考え方が鍵を握っていて。うん、理解しようとするからいけない。イーガン先生は「考えるな、感じるんだ」*2の精神で、秘密を持つ旦那さんが不倫しているんじゃないかと疑う奥様、なんていう端っこを楽しむのがいいんだ。

「グローリー」の冒頭なんて、もう……これ、イーガン先生、にやにやしながら書いてるんじゃないでしょうか。

私には全く理解できないお手上げ分野をばっさばさとなぎ払っていくハードSF系の皆様、いったいどんな頭の中身なんだろう……

柳の下にドジョウがいるのなら、鯨サイズのそいつを宝刀で一本釣りして、さらに捌いて蒸して焼き上げて秘伝のタレで鰻重に出来ちゃう人だらけですよ（だんだん何を言っているかわからなくなってきた）。万能文化包丁並みに凄い、伝家の宝刀。

例えば、デイヴィッド・ブリンさん*3。カリフォルニア工科大学で天文学学士号、カリフォルニア大学サンディエゴ校で応用物理学の修士号と宇宙科学の博士号と、さながらハンバーグと唐揚げと海老フライの豪華幕の内弁当の如き麗々たるご学歴。

ラリイ・ニーヴン*4はカリフォルニア工科大学、ウォッシュバーン大学で数学と心理学、カリフォルニア大学ロサンゼルス校で数学の

修士課程を一年、と大学のハシゴみたいな事をしているし。

『ねじまき少女』『第六ポンプ』[*5]なんて、バチガルピさんの経験がなきゃ書けない。

その土壌があってこその、切れ味。

今さら言っても仕方ないけど、私、もうちょっと粘って、大学しっかり出ておけば良かったのぅ……。

仕事と両立させようとして失敗したけど、勉強自体は好きだった!!　卒業まで耐えきったら、宝刀までは行かないにしても、ヒノキの棒程度のものは手に入っていたかもしれない!!（文芸学部芸術学科の切れ味はその程度かと）。

と思っていたら。先日父（埼玉大学理工学部物理学科中退）と話しているときにこんなことが。

「君はミステリーが好きだったね？」

「うん、すっっっごく偏ってるけどね」

「これ、たまたま手にとって読んでみたらどうにも物理トリックがおかしいんだ、物理学的に。君はSF作家さんに知り合いがいそうだから、物理系の人がいたら、聞いてみてくれる？」

で、帰宅してさっそく問題の本を借りて、ツイッターで「お客様の中に物理系SF作家さんはいらっしゃいませんか!?」と呟いたら、見事に物理学者さんに繋がりました。ツイッター、凄い。

DMでお伺いしてみた結果、やっぱりおかしかった。

書かれた方は、理系で定評のある方。

でも、河童も「まじ、足ッった!!」、弘法も「やべ、棒一本多かったんじゃね？」的なことはあるわけで。

私もかろうじて手に入れた装備、爪楊枝に慢心することなく、日々精進して竹ひごへのレベルアップを図ろうと思います!!（でも造形方面では竹ひご、万能ツールなんだぜ）

# ぼくのおふぃすがこんなに えすえふなはずがない

「SFを読まないひとたち、そしてSFを書くひとたちの一部も含めてだが、彼らは、SFに用いられるアイディアはすべて、宇宙の構造や量子論に精通することによって湧くものであると、そしてNASAの宇宙センターで働いている人間とか、ビデオカセットの操作の仕方を知っている人間にしか理解できないものであると考えたがるし、またそんな顔をしてみせたがるものだ」

先月の私の疑問、アーシュラ・K・ル・グィンさんがずばっと書いてくださっていました。『内海《ないかい》の漁師』[*1]の序文一行目からこうですもの。

私、かろうじてビデオデッキ[*2]の操作はできる（配線は怪しいが）。が、今使っているMacの中身がどうなっているか、とか、さっきお菓子を温めた電子レンジの仕組み、とかはわからない。

でも、C・L・アンダースン[*3]の『エラスムスの迷宮』[*4]は面白く読んでた。
「SF作家だってごく少数の人間しか〝あんなもの〟はわからないのだと彼らに言ってきかせても無駄なことだ。わたしたちだってご同様、《名作劇場》をビデオに録画するつもりだったのが、再生してみると《アイ・ラブ・ルーシー》が二〇分、あと半分はレスリングの試合が録画されていたというようなことはよくあることなのに。SFに登場する科学的なアイディアのほとんどが、小学校六年を卒業した人間ならだれでも容易に理解できるごくごく身近なものだし、どっちみち本を読み終えた時点でテストがあるわけではない」

まずい……私もお米の予約炊飯はいつも失敗する[*5]……これっぽっちもあったたまってない生米と水を悲しい気持ちで何度見たことか。
それでも、バチガルピの『第六ポンプ』はしっかり読んだ。

あぁ、もうこのル・グィンさんの序文が素晴らしすぎて、ようするに持っている人は本棚から出して読んでね、持ってない人は今すぐ買った方が身のためだ!!　なんだけど、あんまり引用ばっかりしていると、担当の阿部さんに「原稿料の90％はル・グィンさんに振り込みますよ」と怒られそうなので。

もう何度か書いているかもしれないけれど私がSFを好きなのは、あくまでそれが目的ではなく手段であるから。サイエンス・フィクションで大事なのは、サイエンスもさることながら、フィクションの部分。フィクションの部分がうまくできてなかったら、サイエンスの部分がどれだけ素晴らしくても意味がないのだ（それって論文的なものだよね？：）。

この二人の恋愛、障害を設定しないと物語にならないよなぁ……身分差？　遠距離恋愛？　過去の恋人？

　いっそのこと、異星の住民で、何か凄い王族にして、さらには周期的に性別が変わるとかどうよ!!↓ＳＦ。

　いっそのこと、気になるあの人はヴァンパイアの王で、元恋人は人狼のアルファで、異種族間犯罪事件に巻き込まれちゃったらどうよ!!↓パラノーマルロマンス。

　医療ミステリーでも、金融クライムものでも、エアポート・ノヴェルでも、ＢＬでも、大工の棟梁の世襲問題×恋愛問題でも、どんと来い、である。

　と、ここで二回前の都市ＳＦ論を思い出していただきたい。ＳＦは未知のものに対するワクワク、だから異国情緒溢れる町の方が合う気がする、というはなはだ乱暴な、あれ、です。

　未知のものに対する憧れ、という点で言ったらなんだろ……は!!　そうだ、私の場合オフィスものだ!!　王子だの、超人気バンドマンだの、地中海に島を持つ大富豪だのはいいから、部長とか課長とか主任とかを出せ!!と（別に王子とか、超人気バンドマンとか、地中海に島を持つ大富豪に日常的に良く接するというわけではないのですが）。

　打ち合わせにお茶出しに行くとか、残業するとか、昼休みに同僚とうふうふしながら近場にランチしに行くとか、かと思ったらヘッドハントの話来たーーーっ迷うー超迷うーーっ、とかだ!!

　シャンナ・スウェンドソン[*6]の『（株）魔法製作所』[*7]はそんな感じかも。

ということで。

　オフィス×ＳＦがあったら、迷うことなく読みたいと思います。

ル・ヴィンから始まったはずがオフィスＳＦに落ち着くいつもの私クオリティ。

# 宇宙でお茶を

ティーアドバイザー[*1]になりました〜。

ひぃひぃ言いながら試験の前に一夜漬けしたけど、なんとか合格!!　これで中級評茶員[*2]、中級茶芸師[*3]合わせて、中国茶と紅茶の人に。あぁ、なんて茶色い人生。

でも、ひたすらお茶の世界に潜っていく中国茶の勉強と違い、紅茶はお茶の外側の勉強が多かったなぁ。マーケティングで一講義、食品諸法規で一講義。人生で初めて聞く単語が山盛りでした。

中国茶は、その時期その場所その人にしか作れない一期一会の農作物。

対して紅茶は、工業製品として安定供給を目指すノウハウを蓄えてきた感じ（もちろん○○茶園の二〇一二年春茶、とかもあるんですが）。

いずれにせよ、興味深い。

で、なぜ一見SFと全く関係ないお茶の話を、わざわざここで書いているか。試験勉強にしびれた頭でぼんやり考えていたのです。

『宇宙でお茶を飲むには』

世界三大ノンアルコール飲料の一つである茶（残りは珈琲とココア）。宇宙でもやっぱり飲みたいじゃないですか。

カッシーニの間隙[*4]を眺めながら。

ワープ中の赤方偏移[*5]を楽しみながら。

シュバルツシルト半径[*6]にときめきながら。

何時もその手にティーカップを。

さてそのためには。

茶樹の成育には、亜熱帯性気候、多湿が大事。まぁ、これはいくらでもなんとかなりそう。重力形態形成とかどうなるのかわからないけど、無重力でボール状に成育しちゃったりしたら収穫も増えそうだなぁ……ゆくゆくは茶樹だけのダイソン球[*7]とかできちゃったりして……うふふふ。インドを遥かに通り越した巨大プランテーション!!

一芯二葉[*8]を収穫する摘菜《てきさい》は、人の手じゃなくてもできるかしら。できれば、宇宙でも若い娘さんに茶摘み歌を口ずさんでもらいながら……あ、なんかコードウェイナー・スミスっぽい。

問題はここからの製茶。揉捻《じゅうねん》とか焙煎《ばいせん》、紅茶で言えばCTC（クラッシュ、ティア&カール。押しつぶして、引き裂いて、揉んで。茶葉はいじめられいじめられて美味しくなるのです）とか。

酸化発酵は、乳酸発酵やアルコール発酵と違って、微生物によらない茶葉に含まれる酵素による発酵。だったらあんまり宇宙でも影響受けなさそう。

乾燥は、廃熱を利用したり。もしくは宇宙

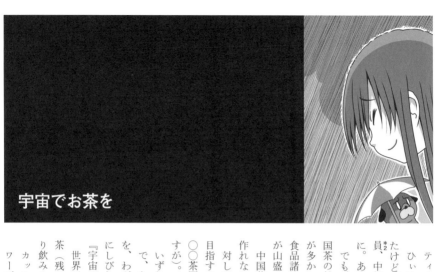

「サハラ砂漠でお茶を」どころか「宇宙でお茶を」って、また大きく出たものね
想像するのが楽しいのよ
宇宙ならではの栽培法で新たな品種が開発されるかもしれないし
カッシーニの間隙とか宇宙の名所を眺めながらのティータイムなんてすごく優雅じゃないかしら
で…現実はプラネタリウムでお茶なのね
これも素敵だよ

空間にひょいと出して冷凍茶にしちゃったり（冷凍茶：台湾の一部の茶園で飲める、乾燥させずに冷凍保存した緑茶。フレッシュであっさりした風味が特徴。でも未焙煎だからあんまり飲むと胃が痛くなる）。

そうしてできた茶葉を、酸素をたっぷり含んだ熱々のお湯で……ん？ 意外とここが難しいのか？ サバティエ反応[*9]とか……そもそも、沸点とか、熱対流とか……い、いやきっと宇宙で茶葉が作れるなら、そこらへんの問題はあっさり解決済みだろう!!

茶葉の中の成分が湯中に溶け出すのは、80℃前後。ぐらぐらに沸かしたお湯でも、ポットに入れ、三分待ち、なんてしている間にどんどん冷めていくのだ。でも、逆にお湯を一〇〇℃以上にできるとしたら……もしかしたら、まだ知られていない新しいお茶の風味が楽しめるのかもしれない（あんまり温度が高いと、飲めないけど）。

ヤン・ウェンリー[*10]は艦隊で紅茶を飲むけれど、私は是非中国茶をいただきたい。

お酒の酔いとは全く違う、お茶酔い。

良いお茶を飲んだときの、頭の芯が冴え渡りながら、脳みそがじわっと弛緩《しかん》していく心地よさ。お酒と違って、お茶はいくらでも、いつまでも飲めちゃうのです（アフタヌーンティーで三人でポット一二杯分、ティーカップにして三六杯のお茶を飲んだ&自宅茶会で一一時間ほど飲み続けた経験有り）。

あの感覚は、アルコールよりずっと宇宙空間に相応しい気がする。

なんて書いていた正に今、ピンポンが鳴って、ティーアドバイザーの認定証と、バッジが届いた!! これをつけて、宇宙でゆっくりお茶をたしなむ日がいつか来ると良いな。

（ワタクシ、ヌルSF読み&文系ノヒトなので、あくまでコンナカナーという程度の考察に過ぎません。あちこち間違ってても、お許しを）

# ボーカロイドは音楽の神の夢を見るか、あるいは宣伝

通常業務以外は、ひたすらスタジオに籠もっている日々。

もうすぐ（たぶん）に出るアルバムに向けて黙々とレコーディングです（現在、アレンジャーが行方不明につき[*1]、レコーディングとTDがひたすら後ろにずれ込みながら、スケジュールの壁を臨界突破中。宇宙の果てが見えつつあります。わーい）。

何を隠そう、ミニアルバムも含めれば今回で八枚目。意外と歌ってる人なんです。

今作の目玉は、SFマガジン的に言えばあの「古野まほろ様」が歌詞を書いて下さっていること（ミステリじゃん、とか、講談社と光文社と幻冬舎じゃん、とか聞こえないあーあー）。

これがまたまほろ様らしさ全開の……常人には絶対書けない歌詞です。歌詞の中に「吹奏楽の娘に　ふられたばっかだって」とか「火刑台はいぅ　異端の魔女が死ぬよ」とか「その　腑抜けた超自我の膜　破るのよ」とか書けないでしょう……普通……。

この歌詞を私が歌いこなせるのか、がくぶるしながら奮闘中。

それからカレル・チャペック[*2]の戯曲「ロボット（R.U.R.）[*3]」をモチーフにした、そのものずばりな「ルル」という曲。歌詞の中に「スタニスワフ・レムの言ったとおりだわ」という一文があるがために、コンペで即採用になった「スターダンス」。

あとはちょっと面白い試みとして、私の声を元にしたボーカロイドささやきさんに、オケを全部歌って貰った曲があります。要するにボカロアカペラオケ＋生ボーカル。人力で全部こなしたら、卒倒する労力だけど、ボカロさんなら何声でもひょひょいのひょいと重ねられちゃう。しかも元は自分の声だから、混ざり具合も良い感じ。ささやきなので、いわゆるボカロっぽさもあまり感じられない。

自分で歌ってきてみて思うのは、歌って息のコントロールだなぁ、ってこと。音のキープもリズムも抑揚も情感も、還元していくといかに息をコントロールするか、になっていく。ゆえにボカロはボカロっぽい。

だが、それがいい。

なので、ボカロ曲で「人間みたい」とか、「もうヒトいらないじゃん」的なコメントを見る度に、「違うんです、この子の可愛さはそこじゃないんです」と叫びたくなります。

ヒトっぽい、はけして褒め言葉じゃないはず!!

ボカロは私の中では楽器的な位置づけ。

ヒトを目指すのではなく、あくまで楽器と

して、そうシンセサイザー的な位置づけでいるからこそ……萌える!!

いや、だって。

シンセサイザーのWｉｋｉ見てください。萌え転がる名前だらけですよ。

一七五九年のクラヴィサン・エレクトリィク。[4]

テルハーモニウム。[5]

みんな知ってるテルミン。[6]

オプトフォニック・ピアノ。[7]

トラウトニウム[8]にオンド・マルトノ。[9]

ノヴァコード。[10]

ポリフォニック。[11]

ハモンド・オルガン。[12]

クラヴィヴォックス。[13]

何このトキメキ宝石箱。機械的なことも電子的なことも音楽的なことも全くわからないけど、それだからこそときめくこの響き。この最後に、ボーカロイドっていれたい!!

スチームパンク的絢爛豪華名簿……あぁ、そう『ムジカ・マキーナ』[14]（高野史緒［著］ハヤカワ文庫JA）だ!!

テルハーモニウムなんて重量二〇〇トン、全長一八メートルもあるんですよ。粒子加速器、ロケットかクレムリン赤の広場の鐘、もしくは豪華客船もかくやのとんでもない重量。工場一個まるごと発電機で満たして、電気の振動数を電話回線で聞かせる、というロマン溢れすぎる装置だったらしい（二〇〇トンクラスにも萌えるものが多いな……）。

というようなことを思いつつ、『南極点のピアピア動画』[15]（野尻抱介［著］ハヤカワ文庫JA）を読んでおります（そう言えば昨夜、ツイッターで尻Pにニコ動の「無料視聴は十代だけ!」って言われたけど、私永遠の十七歳だから問題ないよね、うん）。

SF的あれこれもいっぱい詰まった池澤春菜最新アルバム「ファンタムジカ」は、七月四日発売（イロイロ、アリマシテ）なり。

# 大事なことは みんなアニメと漫画で教わった

時折高まる、展覧会熱（主に秋。美術館をハシゴする）にサブジ熱（サブジを様々な野菜で作り続ける）、手芸熱（一晩でマフラーを編み上げる、大量の鞄とブックカバーを縫い続ける）に、暗黒熱（小栗虫太郎と中井英夫と海野十三を読みふける）。

今は映画館熱に火が付きかけています。『ロボット』[*1]完全版と『スノーホワイト』[*2]を立て続けに見てしまったので、アレも見たい、コレも見たいと。

でも、この二本がまた真逆な映画で……どっちもエンターテインメントではあるのですが、スタート地点が違った結果、着地点にも天と地の差が。

『ロボット』は、伏線も何もかもすっ飛ばして最後まで突っ走るトンデモ映画。突っこんだら負けだ、という見えてる地雷だらけ。SFかと問われれば、生ぬるい笑顔になるしかないけど（一応、アシモフの三原則[*3]には言及してるけどね）。完全版は三時間、でもあっという間でした。人を楽しませようという一念でここまでのものを作り上げるボリウッド、パナいっす。

対して『スノーホワイト』は……一緒に行った妹ちゃんと、途中何度も顔を見合わせ、目で「……どうなの？」と語り合う始末。

いや、もう主役のスノーホワイトが明らかに女王様より美人でないとか、王子空気とか百歩譲って置いといて。

日本人としては、アニメ&ゲームで培《つちか》われた美しいお約束ごと、いわゆるフラグというものを片っ端からへし折っていくシナリオがどうにも納得いかんのです!!

以下、まだ未見の方はとばして読んでね。

＊＊＊＊ここからネタバレ＊＊＊＊

唐突に癒《いや》しの力があると言われた白雪姫、こびとさんの痛風も治せちゃう!!　やったね、これで敵が来ても安心だ。あ、刺客だ、危ない!!　こびとさん、姫をかばって刺客の矢に倒れる。さぁ、今こそ癒しの力を……何もしない白雪姫、こびとさんあっさり死亡。

形見に剣を譲り受ける白雪姫。最後の女王との戦い、丁々発止《ちょうちょうはっし》。さぁ、今こそ形見の剣でにっくき女王にとどめを……白雪姫、剣を投げ捨て、小刀で女王を刺す。

＊＊＊＊ここまでネタバレ＊＊＊＊

あぁ、もうきりがない!!!

お約束って大事でしょ!?

予定調和って美しいでしょ!?

ちゃんと布石が繋がっていく流れ、盛り上がるでしょ!?

ハリウッドの脚本システム[*4]がどうなってい

るのかわからないけど（今度みんなのサンポさん、こと堺三保さんに聞いてみよう）、これはありなの？　どうなの？　誰かどこかの段階で疑問に思わないものなの？

　私のお友達の脚本家柿村イサナ氏によればアニメの場合は、自分の手がけた話数を見る人見ない人、わかれるそうな。分業制のアニメでは、脚本家は一番最初の走者、自分の受け持ち区域をどう走っても、後の走者によって大きく変わってしまう……だから、いざ出来上がった話数を見たときに、自分の脚本より面白くなかった→悔しい、自分の脚本より面白かった→悔しい、とどちらにしても悔しいから、だって。かといって、まさかハリウッドの脚本家さん「よーっし、書けた!!　じゃ僕、バカンスに行くんで後は任せた」とはならないとは思うんだけど。

　後は、演出家はみんな国語の成績が0だと思って書きなさい、という教えも。その時、誰がどんな気持ちで何処《どこ》に立っていて何を見ているのか、ト書きで書けるところは書いておく。

　……さぞや多国籍な職場ではあるだろうけど、共通言語は英語だよね。大丈夫だよね。

　！や？を全部取っ払っても、強調されるべきところがされていて、なおかつリズムが崩れないような描き方がされているか……いやそれ以前の問題か。

　アレもいれようコレもいれよう、とみんながわさわさ盛り込んだ挙げ句、船頭多くして船、エンパイアステートビルのてっぺんでタスケテー、みたいな有様なんでしょうか。

　なんとももや〜んとした気持ちの残る映画を見ちゃった後は、お口直し、と言ってしまってはあんまりですが、兵士、作戦、武器、技術、オール本物がうたい文句の『ネイビーシールズ』[*5]を見て、ハードSFのお勉強をしようか、と思っております。もしくは脚本賞受賞の『ミッドナイト・イン・パリ』[*6]？

# 古今東西お化け考察

夏といえば。

西瓜に冷汁、アイスにお素麺にスムージーに麦茶。そして、怪談。

もともと怪談はとくに好きでも嫌いでもなかったんですが、朗読で読む機会が増えたので、何となく詳しくなってきちゃいました。

でもねぇ、程よい長さで、落ちがスマートかつ斬新な怪談ってなかなか見つからないんです。あれこれ読んだけど、怪談朗読ソムリエのワタクシのお眼鏡に適《かな》うものはそうそうなくてよ。

最近のお気に入りは、『倉橋由美子の怪奇掌篇』[*1]。怪談とも幻想とも呼べない、ふわっとした着地点で、とても品が良い。

でも、できればもう少しレパートリーを増やしたい、と献本でいただいた、H・R・ウェイクフィールド[*2]の『ゴースト・ハント』[*3]を読んでみたけれど、何か違う。

面白いんですよ〜。よくある〝何だかわからない気配だけもの〟と違って、人はどんどん死ぬし、怪奇現象も惜しみなく起こるし。ゴネサラ氏なる日本人も（名前だけだけど）登場するし。でも……面白いんだけど、何だろう……ウェッティ感がないのです。

湿り気というか、粘着質な感じというか。

日本のお化けはひっそりしている。足もないし。気がついたら物陰から静か〜に見ていて、ぞぞ〜っとする感じ。

対して西欧のお化けは、結構やかましい。がっしゃがっしゃ足音だけさせてみたり。自己主張の激しさは、やはり国民性の違いでしょうか。

日本のお化けは人に憑く。定位置も柳の下だったり、井戸の中だったり、コンパクト。

対して西欧のお化けは圧倒的に家に憑く。そりゃ築百年で新築、みたいな家がごろごろしている住環境ですからね……お化けだって長持ちするはず。

要するに。日本のお化けは個人の怨念だけど、西欧のお化けは現象っぽいのです。だから、びっくりはするけれど、あんまり怖くないのかなぁ。さすが、お化け屋敷が観光名所になるお国柄。

そうやって考えていくと、国ごとのお化けの差って、けっこうありますなぁ。

そういえば。

タイに留学していたとき。

ホスト先のお父さんは、政府の農園を経営しておりまして。時々、山奥にあるその農園に泊まりがけで行っていたんです。政府の農園だけど、お父さん的には別荘、みたいな。

夜、寝ていると、家の周りをシクシクと泣

きながら歩いている人がいる。

足音と泣き声が一周する。

でも、この家、半分は湖に面してるんだよなぁ……と思いながら、あっさり寝たあんまり動じない子供だった私。

翌朝、ホストファーザーにその話をしたら「ああ、それはピー（ผี）」だよ、と。

なんでも、好きだった男性とその湖で無理心中をした女性の幽霊が出るそうで。わぁ、定番のパターン来た!!

タイ人はこのピーが大好きで、様々なバリエーションを用意しては、楽しそうに怖がっていらっしゃいます。

カスーという女性のお化けは、首から下は人体模型さながら。内臓と脊髄をぶら下げて飛んでいるというアグレッシブさ。日本の足がないだけの幽霊とは、なんかやる気が違う気がする。「私、ここまで捨てられます!!」みたいな。

クラハンは、ザルみたいな羽根……というかザルでわっさわっさ飛ぶ。もうお化けと言うより妖怪に近いけど……

バナナの精、なんていう、お化けじゃないだろ、むしろゆるキャラだろ、な方もいらっしゃいます。

新聞に「今日の交通事故死体!!」のコーナーがあったり、死体博物館なんてものを作っちゃったりするタイらしい前向きな死後の楽しみ方……なのかもしれない。

お化けって、つまりは自分が理解できないものに対する怖さ、ですよね。内臓スポンと抜けたり、ザルで空飛ばれたりしたら、確かに理解は、できない、けど……

怪談を探すつもりが、ふと思い出したタイのお化け事情に、すっかり怖さが薄れていく深夜二時半でした。

いつか宇宙人に会えたら、その星のお化け事情、を聞いてみたいです（と、むりやりSFな方向に向けようとする深夜二時半）。

# きのこは笑う、されど我らは

きのこに夢中です。

もともと好きではあったんだけど、なぜかいきなり火に油を注ぐ感じで燃え上がり……超リアルな立体ベニテングタケのついたかごバッグに、きのこプリントのワンピース、携帯からなめこストラップをぶら下げて、『きのこ（乙女の玉手箱シリーズ）』[*1]『きのこる　キノコLOVE111』[*2]『毒キノコが笑ってる　シロウトによるシロウトのための実録キノコ狩り入門』[*3]『カラー版　きのこ図鑑』[*4]『きのこブック』[*5]を借りに図書館へ赴き、さらに『世界のキノコ切手』[*6]『見つけて楽しむきのこワンダーランド』[*7]『考えるキノコ　摩訶不思議ワールド』[*8]『きのこ文学名作選』[*9]が予約リストに入ってる私は、たぶん司書さんの間では「きのこさん」と呼ばれているはず。

秋にはきのこ狩りに行く気満々で、ツアーを今からブックマーク。寝る前には図鑑を見て、日々きのこの勉強に余念がありません。

もちろん日々、舞茸やぶなしめじやマッシュルームを食べてます。

その様は、きのこに取り憑かれたがごとし……自分でも何が何だかわからない。

でもねぇ、森の中にひっそりと生えるきのこのことを思うだけで、ふんわり幸せなような、うっとりと夢見るような、怪しい気持ちになっちゃうのです。

きのこ界のキング、ベニテングタケ。あの真っ赤な傘に白い斑点、無条件に胸が熱くなります。グッズはデフォルメされてない、リアルな造形のものが好き。

クイーンは、キヌガサタケ。繊細なレース状のドレスを纏《まと》った大変高貴なお姿……でもとても臭いらしい（臭いで虫を引き寄せるんだって）。

死の天使なんてちゅうにっぽいお名前のドクツルタケは、真っ白ですら〜っとしてて、こちらも美形。でも日本で見られる中では最も危険な毒きのこ。

アメリカオレゴン州で発見されたオニナラタケの菌床は、なんと総面積八・九平方キロメートル、推定重量およそ六〇〇t。推定年齢二四〇〇歳。

暗闇で夢のように光るヤコウタケ。

食べると一ヶ月も続く手足の激痛に、精神に異常を来《きた》すことすらある（なのに解毒方法がない）呪いのようなドクササコ。

逆さになったイカそっくりのイカタケ（これまた猛烈に臭い）。

レバ刺しの代わりにこれ食べたらいいんじゃないの？　って思うくらい、レバーそのまんまなカンゾウタケ。

世界には五〇万種、日本には一万種のきのこがあると言われているけれど、そのうち名前がついているのが二〜三〇〇〇種。その名前や分類も、研究が進むにつれどんどん変わっていきます。まだまだ菌類の世界はわからないことだらけ。

　宇宙の神秘も凄いけど、菌類の神秘も凄いです。何でこんな形になったのか、なんで毒があるのか、なんでこの樹にしか生えないのか。考え始めると、陶然とした心持ちに。

　きのこは勿論ＳＦ界にも侵出しています。

　ＳＦ×きのこと言えば、ブライアン・Ｗ・オールディスの『地球の長い午後』。ご存知アミガサタケさんの活躍を描いた傑作です。脳＝そもそもアミガサさんだった、という究極のきのこ一体型説。

　バリントン・Ｊ・ベイリー『カエアンの聖衣』も、本来なら知能ある地衣類だけど、ここは私的には菌糸類に置き換えたい。

　魔夜峰央[*10]さんの短篇で、「茸ホテル」[*11]ってのもあったし。

　上田早夕里[*12]さんの「くさびらの道」[*13]（くさびらはきのこのこと）なんて、正に人がきのこになっていくお話。

　それに、ほら、きのこと言えばマタンゴ[*14]、そして侵略円盤キノコンガ[*15]。

……もしかしたらきのこ好きの究極の夢ってきのことの一体化なんじゃないだろうか。

　潜在的な欲望として、人はきっときのこになりたいんです。森の底で密やかに成長し、交歓し、胞子を飛ばし、静かに朽ち、でもその魂はまた蘇り。あぁ、なんて腐海ちっくな生き方。

　ｃｏｃｏさん、秋になったらその素晴らしいカメラの腕できのこ撮影会に行きません？　で、ちょっとぼかし胞子とか吸い込んでさ……。え？　これ？　これは、髪型ですよ、こういうカット……やめて!!　胞子が落ちちゃうから触らないで!!

キノコ狩りに出たまま帰らない春菜ちゃんを探して…
わたしクーは山奥へとやってきました
でも一体なにが…
まさかこんなことに…
いた！
っていうか、ほんとにマタンゴ状態！
あ！待って！
ピョーン
ピョーン
でもあれはちょっとかわいいかも…
いやそうじゃなくって…

# いあ☆いあ

ご縁があって、恐怖話朗読会、なるものに参加させて頂きました。

場所は、アルバムのコラボでお世話になった、カルチャーカフェ・シャッツキステ。[1]

怪談専門雑誌『幽』[2]の編集長、東雅夫さま[3]が選んで下さった怖〜いお話を、日替わりメンバーが朗読するというもの。

一夜目は辻谷耕史[4]さま&渡辺久美子[5]さまの新婚ほやほやカップルによる、怖いんだか微笑ましいんだかわかんないよナイト。

二夜目の私は……なんと、クトゥルーナイト。話があれよあれよと転がっていき、気がついたらクトゥルーオンリー朗読イベント、という類を見ない会となっておりました。

三夜目は、東雅夫さまによる、トークショー。シャッツメイドさんによる朗読もあってこちらも盛りだくさん。

で、私の担当したクトゥルーナイト。立ち見もありの大盛況。こんな夜（21時開催）に、こんなにたくさんの人が集まるなんて、みんな触手好きなのねぇ、うふふ。

最初に告白しておきますと、予定していたボリュームの三分の一くらいしかできませんでした。

ロバート・ブロック[6]「無人の家で発見された手記」[7]（青心社文庫『クトゥルー1』所収）を読んで、ちょっとご挨拶して、H・P・ラヴクラフト[8]「アウトサイダー」[9]（創元推理文庫『ラヴクラフト全集3』所収）を読んで、ここでがっつりクトゥルーとはなんぞや、を東さまを交えて解説、最後に『リトル・リトル・クトゥルー』[10]（学習研究社）から、何本か読んでお終いにする、という目論みだったのです。

でも、一本目を読んでる時点で、イベント予定時間の一時間、たってた。

「無人の家で発見された手記」、思ったより長かった。

下読みはしてたんですよ……黙読で。あ、あのね、本当は声出して読んで尺計らなきゃなんだけど、そうすると、新鮮みが薄れるというか、ウィリー少年の恐怖を追体験できなくなるっていうか、なんていうか、あの……はい、ごめんなさい。黙読してたら短かったんです。だからいけると思ってました。ほんとぅにすまないとぉう、おもっているぅ（誠意を台無しにするジャック・バウアーの物真似で）。

でも、読み始めるまでは「クトゥルーは薄ボンヤリ系だからなぁ、私は怖いと感じるより笑っちゃうし。あんまり恐怖夜話にならないかも」と思っていたのですが。

遠雷と嵐のBGMを仕込んで、ウィリー君になりきってせっせと読んでいたら……メイドさんは泣いちゃうわ、Ust中継していた方は「もう鳥肌の前に涙目でござる」とかツイッターで呟いてるし、お客様も「クトゥルー知らなかったけど、予想外に怖かった帰るの怖いガクブル」だし……

あれ？　クトゥルー、怖いですか？

だって、名状しがたくて、筆舌に尽くしがたくて、人知では到底捉えきれない、不定形の、曰く言い難い、この世のものとは思われない、うごめいてる何か、だよ。もう怖いかどうかすらわからない、海の底でにょろにょろしてる人見知りさんだよ。微笑ましいじゃないですか。

　今回はそんなクトさまたちのお可愛らしさを伝えきれなかった気がする……「無人の家で発見された手記」に出てくる、全部のお口で地面にちゅうするシュブ＝ニグラス[11]は充分可愛いとは思うのですが。

　なので、ぜひとも第二回クトゥルーナイトを開催したい!!　で、今度こそcocoさんがオススメして下さった「アウトサイダー」読むのだ。あと、「クトゥルーの呼び声」とか、「インスマウスの影」からも良いところを抜粋して読みたい。ご一行様の簡単なご紹介もしたい。みんなでクト様帽子被って、触手部分をゆらゆらさせたい。ジェノヴァソースとイカスミがかかってて、ショゴス[12]に見立てたホタルイカの載った、名状しがたい色合いのパスタとか食べたい。cocoさんの『異形たちによると世界は…』[13]を紙芝居にして読んだりしたい。マンション・オブ・マッドネス[14]とかエルダーサイン[15]で遊びたい。でもって最後は和やかに、みんなで「いあ！　いあ！」[16]って言って終わりたい（オールナイトコースな気もする）。

　その時は、きっとcocoさんも、海の底から出てきて参加してくれるって信じてる。

創元推理文庫『ラヴクラフト全集3』収録「ダゴン」大滝啓裕訳

# 明日のボクらはすべて星

SFマガジン、一九五九年創刊。今年で五三歳。

日本SF作家クラブ、今年で五〇歳。

日本SFの始まり……となるとちょっと難しいけど、翻訳小説が出た年、を基準に考えれば、一八七八年。日本初の翻訳SF小説となる『新未来記』[*1]が出たのがこの年（うぃきぺでぃあさん調べ）。一三四歳……うわぁ。

SFの元の元は、古代ギリシアまで遡るって言うんだから、もう何歳なんだか……えっと、西暦一六七年ごろ。ということは一八四五歳……うひゃあ。

なんてことを考え始めたのは、大森望さんの『新編　SF翻訳講座』[*2]が面白くて一気読みしちゃったから。

父の書棚の翻訳SFで産湯をつかい、その産湯につかったまま大きくなった（そしてふやけきった）身としては、翻訳こそ王道（ついでに文中で言及のあった、鴻巣友季子さん[*3]の『明治大正翻訳ワンダーランド』[*4]まで取り寄せて読んじゃった。こちらも面白かった。黒岩涙香[*5]……ェ……）。

「一時間でできる訳文の磨きかた」「人称代名詞を減らすには」「翻訳語の謎」。

そして、SF翻訳者の本質に鋭く迫る「確定申告の傾向と対策」「翻訳者が会社を辞めるとき」「絶版の問題」「編集者に愛されるために」……大森さんは訳文も素晴らしいけど（こび）、エッセイも素晴らしいです（こびこび）。

でもね、面白うて、のあとは、やがて悲しき、と繋がるのです。

「若い翻訳家さんが育っていない」と嘆かれる九五年の大森さん、二〇〇六年後期も「ますますいない」と嘆かれ、二〇一二年にも「やっぱりいない」と嘆かれ[*6]。

まずいです。

翻訳の文体慣れして、図書館の貸し出しランキングの上位に並んでる日本人作家さんの小説を読むと、電車の中で空いてるにもかかわらずもの凄い接近して人に立たれたときのような居心地の悪さを感じてしまう私には、ものすごく、まずい事態です。

なんだよ、あの翻訳の、一歩後ろにいつも控えておりまする白髪美髭《びぜん》の執事的な絶妙な距離感がいいんじゃないか。

翻訳家さんの個性が、お仕着せの執事服みたいに、児玉清様似（妄想）の執事の魅力をさらに高めるんじゃないか。

そんな素敵執事さんを斡旋してくれる翻訳家さんがいなくなったら、私はどうしたらいいの!?

と、ちょっと悲しくなったところに、良いニュースが。

この号にもお知らせがあると思いますが、日本SF作家クラブの五十周年記念製作のプラネタリウム番組に、わたくし、出させていただきます!!

新井素子[*7]先生の原案で!!

萩尾望都先生のキャラクターになって!!

加藤直之先生のメカに乗る!!

地獄における雪玉[*8]の如く、光栄すぎて蒸発するかもしれない……

タイトルは「未来はボクらがつくるんだ! 22世紀のものがたり」。SFの未来を担ってくれるボクらが、たくさんたくさん見てくれますように。そんでもって素晴らしいSF翻訳家が、その中から生まれますように。

未来を描く文学の一番先端にいる私たち。先へ先へ、ぐいぐい進んでいくと思うと、なんかゾクゾクしますな(矢の先端にくくりつけられてる的なイメージ)。

SFの矢が何処に飛んでいくのか、いつまで飛んでいられるかは、今の、そしてこれからの世代次第(くくりつけられた身で言えることじゃないけど)。

明日のために。そして私のために。

今日もSFを、読みます。

＊付け足し＊

先日、父とSFの話をしていたら、SFマガジン創刊当時のことを教えてくれました。

中学生だった父にとっては、学校の若い先生が「これは面白い」と読んでいる雑誌だったんですって。

その時に借りて読んだものの中で覚えているのが、地下鉄の線路がどんどん複雑化してやがて四次元になる話。調べたら、「メビウスという名の地下鉄」[*9]でした。『第四次元の小説』[*10]というタイトルで本が出てる。

これは読んでみなければ。

# もぐって のぼって うかぶよ どうぶつの森

世の流れにもれなく絡め取られ、私もうかうかと村の住人です。

虫取り用に椰子《やし》の木を伐採しまくって禿げ散らかした南の島に通い詰め、ひたすら高額カブトムシを乱獲しては売りさばき、家の改修費用と公共事業に充てる村長ライフ。

黒ヤギのスミさんの挨拶は「エロイムエッサイム」、口癖は「ラムにく」。もちろん、文鳥のふみたろうには「とりにく」って言わせてます。最愛の狼、ロボたんには「好きだ！」って言わせて、毎回きゅんきゅんしてるんですけどね。

今回は通信で、すれ違った人のおうちが住宅展示場に並ぶのですが、新宿駅なんか通りかかると、あっという間に広大な展示場が埋まりますもの……どれだけの人がやっているのか、そら恐ろしくなります。みんな、癒されたいのですなぁ。

どうぶつの森は、ライフシミュレーション（ロールプレイング）ゲーム。シリーズ的には、無印、プラス、さらにeもプラスされ、おいでよと招かれ、街に誘われ、そして飛び出して今に至る……六作目です。

凄いのは、基本的なコンセプトとシステムはほぼ全作変わらないこと。

素晴らしい、永遠のマンネリズム。

でも、シリーズも六作目。最高傑作との呼び声も高い今作を越えるには、次もこのままじゃ駄目だと思うのです。

そう次は……（ぽわんぽわんぽわん）。

二〇一五年に発売される次作は*1、なんと同時に三本!! ポケモンが金と銀になったりルビーとエメラルドになるなら、どうぶつの森だって。

その名も、

「もぐろう　どうぶつの森」

「のぼるぜ　どうぶつの森」

「うかぶよ　どうぶつの森」

「もぐろう」の村は、なんと海底です。海底都市です。今作で素潜りができるようになった主人公、ふとした弾みで、海底に沈んだ古代都市遺跡を発見。豊富な海の幸を目当てに、足繁く通ううちに、その遺跡を泳ぎ回る謎の人影を……

というところから始まり、超古代文明が作った海底都市に新たな住居を定めます。住人はもちろん、ダゴンちゃんや、ニャルラちゃん。挨拶は、いあいあ。海洋牧場でゆうゆう自適ライフ。

浪漫を求める人にオススメ。

「のぼるぜ」は、樹上都市。樹上ホテルで有名なアマゾンのアリアウ・アマゾン・タワー*2

ズ、もしくは指輪物語のロスローリエン[*3]ばりに、巨大な木の中に住むお話。
　今までと違って木の上層下層という、三次元的な広がりが堪能できます。上層階と下層階では、植生も、生態系も、全然違う。頂点には、伝説の巨鳥が住んでいるらしいよ。

　豊かな動植物の実り、アクティビティも満喫できる、自然派にオススメの一作。

　そして「うかぶよ」は……はい、ご明察、宇宙です（この流れ、前もやった気がする）。

　月面コロニーの村長とかどうよ。植える場所によって、透過してくる宇宙線で果物に突然変異が生まれたり（今作も稀に「美味しい果物」というスペシャルな果物が生《な》る）。公共事業で、どこにエアロックを作るか決めたり。

　新しく引っ越してきたグレイさん、なんかちょっと動きが変よね。この間、こっそり窓から覗いたら、あのお部屋、光ってたの。どんな壁紙貼ってるのかしら。あら、いつの間に地下室が……？　あーーーだめーーーっ、村人でキャトルミューティレーションごっこしちゃだめ!!　どうも最近、村人がいなくなると思ったらお前の仕業かーーーっ!!

　月面移動車でいちいち出かけるの面倒臭いから、地下にマグレブ[*4]作っちゃう？　おっけー、掘ろう掘ろう。あれ、なんかこの地下道どこまでも伸びてない？　こんなに掘った？これ、月、突き抜けてるよね？　あ、向こうから誰かが……

（注意：二四行目以降、全部わたくしの妄想です）

　どうぶつの森はあくまで、ほのぼのなので事件とかは起きません。でもだからこそ、舞台を何処に移しても通用しちゃう、はず。

　どうですかね、任天堂様。次回作、もぐったり、のぼったり、ういたり、してみませんか？　どうぶつの森に新風を吹き込むこと間違いナシですよ～。

追い出せ！俗物の森
似非ＳＦ者を森から追放するのだ！
掘り出せ！即身仏の森
この森はミイラでいっぱいだ！
吸い出せ！ぶつぶつの森
膿は急いで口で吸え！
…というゲームはどうかな？
最後以外ならなんとか…

# 人生が終わりかける本棚整理の魔法

これを読んでいる皆様は、「お正月太り解消のために今年こそ走るか、あぁでももう一ヶ月たっちゃったなぁ」とか、「節分に年の数だけ食べる豆が年々増えて辛い。あれは甘納豆とかにしちゃ駄目なの？ あのパサパサの大豆じゃなきゃ、駄目なの？」とか、思っていらっしゃる頃合いだと思いますが。

これを書いてる今現在、わたくし、年の瀬真っ盛りです。

明日で仕事納めなんです。

なので、明後日から、大掃除です。

今年はやります。

決意が違います。

図書館で一年待ちだった、近藤麻理恵さん[*1]の『人生がときめく片づけの魔法』[*2]購入。付箋《ふせん》を貼って熟読、そしてお片づけ成功者のブログを精読、さらには憧れるインテリアの写真をピンタレストで集め、片づけた暁にはこんな部屋にする!! とのイメージトレーニングもばっちり。

事前準備をしすぎて、すでに片づけが終わった気になっているのが、ややいつも通りの流れで気になりますが。

今年はやります（二回目）。

そしてキレイになったお部屋で、せっせと働くルンバちゃんをウットリ眺めるのです。

なんて書くと「え？ ルンバも立ち入れないような魔窟？ もしくは汚部屋？」と言われちゃうかもしれませんが。

私、知ってる。

ＳＦマガジンを読んでるって事は、たぶんあなたの部屋も私と似たり寄ったりのはず。

本タワーの床面における親和性。

もろくも崩れ去る表面張力。

止まらない侵攻。

私の場合はそれに、お仕事柄必要だからという言い訳で、必要以上に増えるお洋服と。

コレクション性のあるものばかりにはまりついつい細々《こまごま》買ってしまう収集癖。

はんぱな手芸及び裁縫スキルにより、「リメイクできるし」と溜まっていく本来なら処分するべき服と、手芸用品。

料理好き故の、未知なる調味料には手を出さずにはいられない業《ごう》。

気がついたらとんでもない量が蓄積しているキップル（「ダイレクト・メール」とか、からっぽのマッチ箱とか、ガムの包み紙とか、きのうの新聞とか、そういう役に立たないもの」ＢＹフィリップ・Ｋ・ディック）。

それらもろもろが相まって。

引っ越しの時に「……お一人、でしたよね？」と業者さんに確認されるほどの物量になっているのです、えっへん。

でも、今年はやります（三回目）。

お洋服は全て一ヶ所に集め（この段階でたぶん、部屋が埋まる。下手したら、入れなくなるかもしれない）、トキメクもの、トキメカないもの、で仕分ける。

説明書は全て破棄。いざとなれば今は全部ウェブで見られるから。

書類は基本、破棄。

思い出の品、破棄。

しかし……やっぱり一番の難所は本です。

賞味期限もなく、いずれもトキメキ、一冊に宇宙が一個ずつ詰まっているような本を、どうして処分できましょうか……

本当にみんな、どうしてるの？

片づけ法によれば「一回読んだら捨てる。どうせ読み返さないでしょ？」とか書いてあるんだけど……読み返すよね？　一〇回でも二〇回でも、読み返すよね？

「一冊買ったら一冊手放す」その手放す一冊を選んでいるウチに、一〇冊くらい増えてるんですけど。

「図書館を利用する」たぶん、利用しすぎて「あ、こいつ本当は読んでねぇな」って司書さんに思われてる。

「データ化する」紙の本でなきゃだめなもの、電子書籍が向いているもの、両方あるんです。で、私の場合はやっぱり圧倒的に紙で読みたいものが多い。

でもやらなきゃいけない。

ぶっちゃけ、本棚の前に積み上げたタワーのせいで、肝心の本棚に近づけないんダヨ。ドバイか、ってくらいの勢いでタワーがにょきにょき伸びていくんダヨ。

本気で、皆様の蔵書整理術を募集します。

大丈夫、きっと年末のお掃除は、年始になっても終わってないだろうし、下手したら月またいでも終わってないかもしれないから。

でも、今年はやるよ（四回目）。

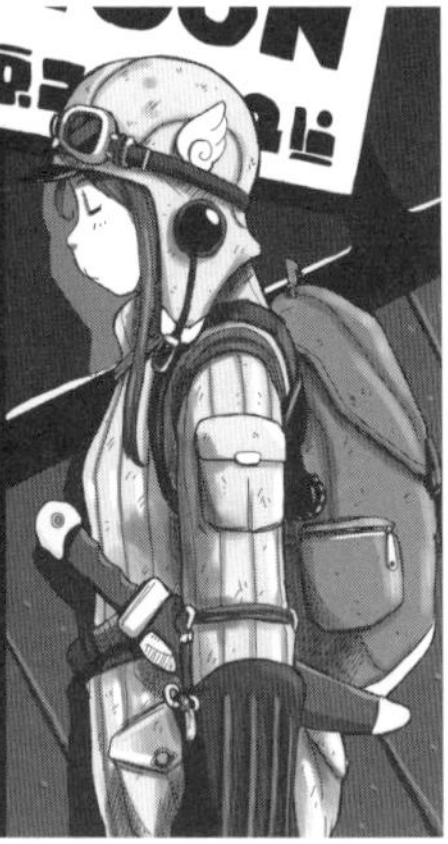

# 外面如人間内心如人間

お、終わった……一年間かけたフィギュア原型制作が、ようやく……!!

そもそもの始まりは数年前。

ハシビロコウ*1が好き→動物園に見に行くだけでなく、何かしらハシビロコウに対する愛を形にしたい→ファンド*2を買ってくる→小学校の図画工作以降触ったこともない粘土で、なんとかハシビロコウっぽい物を二体作る→たまたまお誕生日だった父とお友達（ハシビロコウに関する興味いっさいなし）に無理矢理あげる→満足する→という一連の流れをブログに書いたところ、たまたま見ていた日本の宝レベルの造形師さんが面白がって模型誌に提言→「だったらうちでフィギュア造形の連載しない？」と無謀すぎる企画が立ち上がってしまう。

第一弾は、ｃｏｃｏさんの著作『異形たちによると世界は…』からウルタールの猫*3。全裸（毛皮）の猫耳美少女!!（個人の感想です）

おかげさまでフィギュアは完売。

満を持しての第二弾。今度は岡崎武士先生*4描き下ろし、オリジナル水着美少女（万人が認めるレベル）です。

二週間に一回、編集部に籠《こ》もって作業、持ち帰って自宅作業の繰り返しで、一年間たちました。

造形の苦労とか、二次元脳と三次元脳の違いとか、思うところはいろいろありますが、SFM的に私が言いたいのは「今まで内面のことばっかり気にしてたけど、やっぱり外面は大事だわ」です。

内面、人工頭脳や超越*5やチューリングテスト*6や自我の芽生え、その他諸々。ソフト。

外面、そのまんま、ロボット及びアンドロイドの外側。ハード。

内側の方が、断然物語にしやすいのはわかるのです。でも、外側だって誰かが造らなきゃいけない。

人間と見まがう容姿、って簡単に言っちゃうけど、すっごいことですよ。だって、マネキンも今ある人型ロボットも、どれも人間には見えないもの。

例えば、タニス・リーの『銀色の恋人』。銀色の肌に鳶色《とびいろ》の瞳のシルバーは、ウブな女の子がこってり恋に落ちる超イケメン。

アシモフの生み出した、全く人と見分けのつかないR・ダニール・オリヴォー。

エイミー・トムスン*7の『ヴァーチャル・ガール』*8に出てくる、おたく青年アーノルドの夢と願望とロマンとあれやこれやを目一杯詰め込んだ、天使のような美少女アンドロイド、マギー。
一番最初にアンドロイド、という言葉を使ったとされる、リラダン[*9]の『未来のイヴ』[*10]にしたって、ミス・ハダリーの外側の製造過程はとくに描かれないまま。

中身をいかに人間に近づけるか、に関してはどの本もしっかり書き込んでくれるのだけど、外側のことはあんまり触れてない……でも、絶望するレベルの泥人形と一年間格闘して、なんとか人っぽい形にした身としては、どうしてもそこが気になっちゃうのです。

だって、首と顎と顔のラインが繋がる耳の下の三角形とか、脇の下から背中にかけての骨と腱の接続方法とか、膝の裏にできるHみたいな形の腱の筋とか、親指と残り四本の向き合う角度とか、くるぶしの骨は内側と外側で高さが違うから足首はこんなに可動域が広いんだとか、今まで考えたこともなかったけど人の体って凄い不思議、凄いうまくできてる。

それを綺麗に繋げて、問題なく動かして、んでもって目にも快いとか……!!

一五cm強の動かないフィギュアを作るのに一年かかったなら、等身大フル稼働アンドロイドを作るにはどれだけかかるんだ!!

素材は何使ってるの？　そんな大きなものなのに、ちゃんと中まで硬化するの？　型どりは？　最終的な素材は？　中のフレーム、どうなってるの？

この料理を作ったシェフも凄いが、そもそもその野菜を育てた農家さんの話も聞いてみたい!!的な。

そんな私得な造形SF、どこかにありませんかねぇ。意外と面白いと思うのだけど……

（今回のコラム、等身大の素敵に柔らかいお人形さん達のことには、あえて触れないようにしております。あえて、触れないようにしております！　うん、色々調べてみちゃったけどね。奥深い世界でした）

# 我が赴くは非モテの大海

少し前にツイッターで話されていた「高齢オタクと結婚」(togetterにまとめられています　http://togetter.com/li/44265)。

嚆矢《こうし》は、みんなが愛するSかいSんぽさんの「未婚高齢おたくにとって結婚というゴールがどれだけ高くて遠いか、たぶん全然理解できていないのではないだろうか」という血を吐く呟き。もうね、横から見ていてごりごりSAN値を削られて、あやうく私も吐血するところでした。はぁはぁ。

危険な領域ですが、あえて踏み込まずにはいられない……

オタクを取り巻く現実は、「リア充爆発しろ」なり「俺のヨメ」なり、一周回って終了したと言っていいくらい、徹底してモテないという認識があるわけです。

遠隔操作の容疑者に、偉い先生が「モテなさそうというのが第一印象である」と言い切った騒動もありましたね……『精神医学界の沢尻エリカ』と自称するほどの美貌」と仰る先生は、「そういえば、昨年一〇月に連載八回目で取り上げたiPS騒動男も、モテそうになかった。彼が性愛的に満たされていたら、虚言によって自己愛や自己顕示欲を満たそうとするようなことはなかったのではないか」とたたみかける。

あぁ、もうフルぼっこ。

でもねぇ、これは平行線ですよ。どこまでいっても折り合いなんて見つからないのだ。

だってそもそも求める物が違う。

モテたい、というのは「不特定多数にちやほやされたい」ということ。「合コンでモテたい」は「合コンで不特定多数にちやほやされたい」。「好きな人にモテたい」とは言わないのだ。

広く浅くを目指すモテに対して、オタクは深く狭く。いかに一つの対象に偏愛を注げるかが勝負。これは、地引き網と、ジャック・マイヨール[*1]くらい違う。

更に言えば、モテを目指す層のトキメキは気化するけど、オタク層のトキメキは発酵するのです。

いいですか、自分にとって最高のトキメキを偶然街で目にしたとしましょう。

眼鏡スーツの細身イケメンが、ガタイのいい大学生と覚しき酔っぱらいを深夜の駅で介抱していた、でもいいです。

白馬の王子様が、致し方なく愛馬の蹄鉄に詰まった馬糞を掻きだしていた、でもいいです。

萌え袖の女子高生が浮気をした彼氏にえぐるようなケイシャーダ[*2]をかましていた、でもいいです。

（うち一つだけ実話です）

さぁ、ここでとるべき正しいオタクの行動とは？

１：意を決して声をかけてみる。

２：一部始終を心に録画、一人でゆっくりできる環境に行き次第、繰り返し再生し、編集し、効果を加え、後々まで楽しめる珠玉の作品として仕上げる。

２ですね？　どう考えても、２ですね。萌えとは遠くにありて思うもの、です。

これが発酵です。暗くて狭くて湿ったところで長い時間をかけて寝かせ、究極のビンテージに仕立て上げるのです。こじらせる、とも言います。

要するに、エンジンにくべる燃料が違うのです。オタクとは、自己充実こそが人生の目的であると理解した、新しい人類（任せるとそのうち人類滅ぶけど）。

好きなことにしかエネルギーを使わない、嫌いなことは自分の中からさっさと消去、忘却、見ないふり。

太陽光、風力、波力・潮力、流水・潮汐、地熱、バイオマスよりも優れた、無駄のないエネルギー運用。なんて生産的。

そんな素晴らしき新人類であるオタクが、これまた新人類である異性（同性でもいいんですが）と出会い、適材で適所で適宜、同じもしくは競合しない棲み分けの嗜好を持ち、なおかつ己の発酵に発酵を重ねたビンテージもののトキメキを邪魔しない程度に相手にトキメけた場合のみ、趣味＋趣味が二乗で終わらないもの凄い化学反応が起こるわけです。

大宇宙の奇跡ですよ……

え？　な、泣いてないよ!!　こ、これは目から液体水素が出てるだけだから。

でもそんな素晴らしき新人類から、一人裏切り者が出るとの噂を聞きつけました。

……ね、ｃｏｃｏさん？

# 人は本のみにて生くるに非ず、されど……

　電子書籍アワード[*1]2013の発表に立ち会わせていただきました。

　媒体はニコ生。MCのやまだひさしさん、電子書籍にお詳しいまつもとあつしさん、ダ・ヴィンチ電子ナビ編集長後藤久志さん、電子書籍に大変縁の深い漫画家の鈴木みそさん、そして一読者代表としての私、という布陣。

　せっかくなので、電子書籍について、もう一回色々考えてみた。

　電子書籍とは、最初のiPadが出た時に野生時代さんの企画で「一週間、紙の本禁止」をやって以来のお付き合い。

　とはいえ、基本的には紙の本派。もしもの時のために、iPad2にペリー・ローダン[*2]二冊入れてあるけど（早川さんが無料配布してくれたやつね）。

　なんでしょうね……電子書籍だと、頭にあんまり情報が入ってこないのですよ。活字の上を目が滑る感じ。なので、普段は紙の本、旅行などの時は紙の本数冊に、予備で電子書籍。あとは、関わっている作品の原作漫画がどっさりと。

　で、このアワードのランキング、凄く興味深かった。

　一位：宇宙兄弟
　二位：ジョジョの奇妙な冒険
　三位：テルマエ・ロマエ
　四位：ONE PIECE
　五位：進撃の巨人 attack on titan
　六位：新世紀エヴァンゲリオン
　七位：闇金ウシジマくん
　八位：姫川玲子シリーズ
　九位：L♥DK
　一〇位：ノ・ゾ・キ・ア・ナ

　一位から一〇位まで、ほとんど漫画、小説は一点っきり。二〇位まで下っても、『悪の教典』『天地明察』『のぼうの城』以外は、全部漫画。

　二一位でようやくラノベ。

　総合ランキング五十位までの中で、実に漫画は三四点、小説一二点（ラノベいれると一四点）。

　オタクとデジタルガジェットの組み合わせはありだけど、意外とラノベとの親和性は低いのですね。やっぱり所有欲&収集欲が満たされないとダメなのだろうか。

　そして小説はほぼ映像化された作品。

　漫画というガラパゴスな文化を持つ日本なので、こと日本に限り、なのかもしれないけれど、「本を読む」と「電子書籍を読む」って意外と違うことなのかもしれない。

　興味に直結した、いわば脊髄反射に強い電

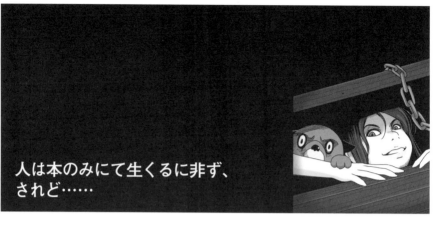

子書籍、という印象。デジタルガジェットで目の前に流れてきたニュースや口コミ、広告で興味を持って、そのまま電子書店に行ってダウンロード。通勤通学、移動の時に細切れに読んでも大丈夫なように、どちらかというと低額&短いものが好まれる。

この流れ、まるっきりアプリと同じかも。アプリも基本は85円か170円[*3]、高くても800円くらい。合間にちょこちょこ遊べるタスク管理型ゲームか、パズル系が中心。

つまりは、お菓子。ちょっと小腹が空いた時に気軽につまめる気の利いたスナック。

そう言う意味でも、紙の本と電子書籍は別物なのかなぁ。適材適所、上手い棲み分けが確立されればいいのだけど。

電子書籍でライトなものが好まれる傾向の理由としてもう一つあるのは、やっぱりそこはかとなくある不安感。

バージョンが変わったら見られなくなっちゃうんじゃないか。

大本のアーカイブがなくなったら？

そしてやっぱり立ちふさがる古本問題。だってAmazonの画面見たって、新刊800円、電子書籍683円、古書1円……そりゃ古書に手が伸びちゃいますよ。

だから本当は、（紙の本VS電子書籍）VS古書、という図式なんじゃないかと。

んでもってこれをVSと認識している限り問題は解決しないわけで。

鈴木みそさんが「電子書籍VS紙の本の決着は、意外と早く着く。近日中にも、電子書籍が中心になる」と予想していらっしゃったけど、はたしてどうなることやら。

何はともあれ、過渡期が一番面白い。今後も電子書籍と、それを取り巻く動きを興味深く見守りたいと思います。みんなが幸せな大団円になりますように。

順位はこちらで確認できます→http://ddnavi.com/award2013/

# 脱出という名のロジック

迷宮脱出@書泉グランデ[*1]に行って参りました。本屋さんでリアル脱出、という本屋史上初の試み。

「高名な推理小説家ベラージオ氏の待望の新作が発表され、手元に作品が届く。そこには『どうぞこの本は、指定の場所で読んでください。』と添えられていた。指定された場所は小さな怪しげな本屋。店内へ足を踏み入れると重い扉の鍵が閉められてしまった」

この謎解きに、お友達集めて五人で挑戦！

書泉グランデにて、まずは1050円のゲームブックを購入。バインダー形式になっていて、第一章の謎を解くと第二章をいただけ第二章の謎を解くと第三章がいただけ、そして最後の推理へ、と続いていく仕組み。

文中に記された手がかりに従って本屋さんの中を上から下まで経巡《へめぐ》る。おや、ここにはこんな本もあったのか。なんと、クトゥルー特集ですと？　ここは後で寄らねば。このヒントは確認するまでもなくわかるね。でもとりあえず見ておこう……う、この本面白いですな、等々。

本屋さんという空間を最大限に活かしての謎解き。しかも通常の営業時間内なので、本を買いに来るお客様の邪魔をしないよう、そっと潜入するドキドキ感。

途中、全てのヒントを抱えて喫茶店で美味しいホワイトカレーを食べながら謎解き。割と早い段階で叙述トリックに気づいていたので、謎解きの方向性はすぐにわかり、あとは文章を丹念に追って一つずつ消去法。この人こそ、と思う名前を書いて、もう一度書店に戻りレジにて店員さんに差し出すと……見事正解!!　無事、終章をいただけました。

正直、ホワイダニット[*2]は惜しい感じだったけど、細かいところまでよ〜く練られていてとても面白かった。

本屋さんが舞台、しかも、マニアックさでは定評のある書泉グランデさんときたら、ついつい色々買ってしまわざるをえないし。

時間制限がないのも良かったなぁ。

リアル脱出、以前にも新宿の常設会場で監獄脱出をやったことがあるのだけど、この時は後一歩の所で時間切れ。まぁ、解けるか解けないかの微妙なバランスが良いっちゃ良いのですが……

で、私、考えたのですよ（ようやく本題）。

脱出、と名付けられているからには、閉じ込められなきゃいけないのです。で、不可解なことが次々と起こって、一個ずつ辿って、思考と論理と閃きで解決に至る、と。

これはとてもSF向きではないですか!?

SFとミステリが好相性なのは、『鋼鉄都市シリーズ』『20億の針』『審判の日』[*3]『バービーはなぜ殺される』[*4]『ホログラム街の女』[*5]などの素晴らしい作品群が実証済み。

ミステリというのは、公式と様式。1+1=2だよ、とルールを設定し、次にそのルールをどうやって展開するか、が白眉。SFなら、そこに新たな可能性がいくらでも付け加えられるわけです。

そう、例えば。

どこかがおかしい、宇宙船。船外に出て直そうにも、宇宙服は人数分ない。しかもどうやらこのメンバーの中にアンドロイドが一人混じっているらしい。アンドロイドなら宇宙服なしに外に出られる。果たして宇宙船を壊したのはアンドロイドなのか。それともまた違う人物が違う目的で？

冷たい方程式[*6]+遊星からの物体X[*7]（もしくは人狼）みたいな脱出はどうでしょう？

あるいは、『ターミナル・エクスペリメント』[*8]のように、死後の人格がデータとなって生きている世界を舞台に、彼岸《ひがん》此岸《しがん》の証言を集めて解きほぐす謎。ただし、彼岸の住人達は、生前一番嫌だった一点だけ、良い思い出に修正されている。

噛み合わぬ証言、微妙にずれる視点、誰がどこから何を見ていたのか、その時本当は何が起きたのか。

密室、疑惑、危機、協力、全部の要素がちゃんと詰まって、さらにSFならではの掟破りなワンダーが興を添える、面白い企画になると思うのです。きゃー、自分で書いててわくわくしてきたよ。

リアル脱出のSCRAPさんの過去の公演を見ると、宇宙兄弟コラボに、「ある宇宙船からの脱出」とSF企画もちらほら。

ここは一つ、より本格的に、よりマニアックに、脱出×日本SF作家クラブの共同企画なんて、実現しませんかね!?[*9]

などと呑気な提案をしてしまったことに私は…
今陥っているこの深い迷宮の如く暗く深い慙愧《ざんき》の念に囚われている
SF界に生息する作家、批評家、漫画家といった怪物どもを相手に、なんと無謀な提案をしてしまったことか
奇人、変人とは知っていたがまさかこの世の理《ことわり》や物理法則すら超越した異形どもだったとは…
T・M・ディッシュの悪夢が生み出した短篇のごとき迷宮からの脱出が叶わぬいま、愛機ポメラにて最期の手記をここに残してゆく
あっ、でも怪物クラブ（日本SF作家クラブ）からお誘いを受けたってことは私にもその素質があるってことだよね
ま、なんとかなるか

# つぎの世界につづく

地図凄い。

いや、正確に言えば、Google Maps凄い。今まで、私の頭の中には、都内各所が頭の中で点として存在してました。車が運転できない私、読書不可なタクシーが苦手な私。おのずと電車移動になるのだけど、それだと、どうも距離感とか位置関係がわからなくて（とくに地下鉄）。

なので、駅探やナビタイムを使っていても「家→なんかあって→目的地」という大変曖昧な認識に。

タクシーの運転手さんに「道はどうされますか？」と聞かれると、動揺して「お、おすすめで」とか応えちゃう。シェフの気まぐれサラダかと。

それが、Google Mapsの登場で頭の中にちゃんと地図が描けた!! へぇ、この道とこの道は繋がってるのか。ここから東南東方面に行くとあのお店が？ 意外と近いぞ。

紙の地図って、車に乗らない人はまず持っていないと思うのです。旅先の地図はあるけど、今生活している範囲の地図って日常生活ではほぼ使わないし。お仕事柄、いろいろな所に行くけれど、行き先の最寄り駅がわかってて、最寄り駅からの地図さえあれば、何とかなっちゃう。

携帯にＧＰＳはついていますが、現在地がわかるくらい。点と点を結ぶ線がわからないまま、漫然と生きてきたわけですよ。

それが。

あの端末の画面上で、自分を表す○がリアルタイムで動くのを見たときの衝撃たるや。

今まで無駄に持っていた絶対方向感覚（＝地図を回さない）と結びついて、世界が一気に二次元に。

何だよそんなことで、と思われるかもしれませんが、ワタクシにとっては世界の夜明け的衝撃だったのでございます。

それを如何なく発揮したのが、今回の台湾旅行。事前にGoogle Mapsで台湾情報をたんまり盛り込んだMy Mapsを作っておき（盛り込みすぎて、台北は針山状態に）、それをMy Maps Editorというアプリで呼び出し、Wi-Fiで繋いだら。

おお、台北の街が我が手に!!

ガイドブックも地図もいらない。手のひらのiPod touchの中に全部入ってる。定休日も美味しいメニューも目印も。しかもできる限りの最新情報。

台湾はお店の入れ替わりが激しくて、ガイドブック片手に行ってみたらもう閉店してたってことが今まで何回かあったのです。でも今回は在台の方のブログからなるべく新しい情報を仕入れたので、ばっちり。

仮に臨時閉店だったとしても、すぐ近くのお店を検索できるので無問題。

新しいお店を見つけたら、その場で地図に登録。美味しい食べ物は、写真を撮って、貼り付けておけば次回も頼める。

今まで三〇回近く台湾に通っていて、一番この町を把握できた旅だったかもしれない。

この自分の認識が変わる感覚、折りたたまれた世界が広がるような、一つ上の次元に目が開くような感覚って、何かに似ている、と思ったら、ウィリアム・ギブスンのサイバーパンク三部作[*1]を読んだときだ。

たぶん、あれは小学生の頃（はい、今、年齢を逆算した人に、靴紐が切れる呪いをかけました）。

家にはMacintosh Quadraがあって、ファミコンも最初からあって、デジタルというものに親しんでいた世代ではあるけれど、いやその世代だったからこその驚きでした。コンピューターの中には、もう一つの世界が入っているんだ、と。

これこそ、センス・オブ・ワンダー。

最愛のくーちゃんに会った時も、世界が変わった。それまで、自分の中にくーちゃんの形の穴が空いてたこと、気づいてなかった。

人生には、そんな風に何回か、世界が変わる瞬間がある。一つ上の階段に上って、今まで迷っていた迷路を、上から見下ろす瞬間。そこは迷路が階段状に積み重なった不思議な場所、一つ上に上がっても結局はそこも迷路なのだけど。

ただ、あの視界が開ける感覚はくせになるのです。だからこそ、日常生活ではなかなか訪れないその一瞬を、私はＳＦに求めているのかも。

願わくばこれからもたくさん出会えますように、世界が変わるようなＳＦと。

# 夢見る翻訳

今回は翻訳者さんをあがめ奉るお話。

というのも先日、同人翻訳の本を手にいれました。大好きな作家だし、うはうはして読み始めたのですが……これが読みにくい。なかなかに、読みにくい。

どこが？　と問われるととても難しいのだけど、本当にちょっとした言葉や助詞・接続詞の選択、誰の視点かがはっきりしない、そういった小さな齟齬が重なって文章の繋がりが取れなくなっている。頭の中で主語を補い、視点を変え、接続詞を足し、てにをはを直し……あああ、もどかしい!!　思春期の告白かっ！！！　ハッキリ言え、ハッキリと！！！！！　「月が綺麗ですね」が許されるのは、昔の千円札のおじさんだけじゃ!!

確かに私は翻訳文の隔靴掻痒《かっかそうよう》感が大好きだけど、アレは要するに訓練された隔靴掻痒、良くできたツンデレだったのか、と意味のわからない納得をしているところです。

そうだよね……ツンデレはいつかデレる見込みがあるからこそ可愛いわけで、ツンのままだったら単に社会不適合者ですよ。そう言えばこの間女子トークで聞いたリアル鬼畜さんのおはなs……とても脱線したので戻ります。

普段、脳内補完をせずにすらすら読めているものが、いかに凄いか、を改めて実感いたしました。

道で言うなら、きっちり舗装されて、でこぼこもなくて、本を読みながらでも歩けちゃう散歩道。そこまで至るには、木や草を取り除き、荒れ地を整え、アスファルトを敷き、高低差を階段なりスロープなりで無理なく繋ぎ、と様々な作業があるわけです。

もちろん、その作業の一端を担っている編集さんや校正さんのお力も偉大です。それがないと、ほら、だいぶ前だけど話題になった現実的な鬼ごっこのお話みたいなことになるし……

私のこの原稿も、厳しくも愛に満ちあふれた校正のおかげで、ようやく人様にお目にかけてもいいレベルになっております。

昨今はやりのWEB漫画も、本当に玉石混淆《ぎょくせきこんこう》。絵は荒削りでも、ぐいぐい読ませる力を持った漫画。逆に素晴らしく絵も上手くて、すらすら読めそうなのにどうも内容が頭の中に入ってこない漫画。

自分で何もかもできちゃうからこその落とし穴。自分で考えたお話の中で、狡知《こうち》に長《た》けた天才的に頭が良くてちょっとダークなところもあるんだぜ、な主人公をひたすらかっこよく描くのは気持ちいいだろうけど、そこにあるのはオレスゲーだけ。それだけじゃ、作品にはならないのだ。

　プロとアマの差は限りなく曖昧で、茫洋としたグラデーションが広がっているばかり。だから線引きをすることは難しいけれど、やっぱり上の方と下の方を比べたら、明確に色の差はあるのです。ピラミッドのように、上に行けば行くほど人は少なくなりますが。

　でも、一度そのピラミッドの中に入ったなら、たとえ自分が底辺にいようとも、上を目指すことを一生続けなければいけない。ピラミッドに入る覚悟、そして一生をそこで費やす覚悟、上を見続ける覚悟、そんなものをまとめて「プロ意識」と呼ぶのではないか、と思う底辺の私です。


で。翻訳の話に戻ると。

　よく「原書で読めばいいじゃん」と言われるんだけどね……確かに私、高校生の時イギリスに留学しておりました。家族の一人はアメリカ人でございます。

　でも、もっぱらなんて言うの……勘?で話してるからね。幼少時よりの環境で無駄に耳が良いから何となくそれっぽく話せるけど、中身的にはえーうーあー……それに人間、忘れるスピードの方が早いんです、悲しいことに。そう、人は日々、忘れながら前に進んでいく生き物（何となく良いこと言った感）。


　だから、たとえるならば、原書で読むのは私にとっては利き手でない方でお箸を持つがごとし。好物であればあるほど、お箸使いがもどかしい……ああ、どんどん口の中に放り込みたいのに、零《こぼ》すわ落とすわ飛ばすわひっくり返すわ。

　ですから、熟達のお箸の使い手＝翻訳者様が、私のお皿にお取り分けしてくれるのを、口を開け、ヨダレを垂らして待っているのです。願わくば、目の前に見えているあの美味しそうな盛り合わせ、全部私のお皿まで無事届きますように。前菜だけでコースが終わりませんように。

# あるいは萌えでいっぱいの世界

『エンダーのゲーム』映画化。

もう何をいまさら、って感じですが。

映画化かぁ……

ち、違いますよ、そんなに今まで散々裏切られてもう信じるのも疲れたとか、それでもまだ一抹の希望を抱いてしまう自分の甘さとか、そんなダメ男に貢ぎ尽くしてもう自嘲しか出てこないいい年のOLみたいなこと言いませんよ。

まぁ確かに予告篇見て原作よりだいぶ成長してるエンダー君にびっくりしたんですけど……六歳であの落ち着きと天才っぷりを併せ持つ子役ってそうそういないだろうから、それもやむを得ないのかも（でもでも、インタビュー動画ではさらに声変わりして声が低くなっているエンダー……続篇でポッターさんの悲劇再びにならないか、どきどき）。

バトルルームの描写も、思ったよりずっとサイバーだった。こうガランとした巨大な空間に、障害物が浮かんでいるイメージだったんです。学校の体育館的な。

映画化とか、アニメ化とか、ほんと、難しいですわね。

絵に描いたものは二次元。

現実世界は三次元。

だったら、文字に書いたものは一次元。

萌えが圧倒的に二次元＞三次元なのは、足りない情報を自分で埋められるから、だと思うのです。萌えは妄想ですから。

自分の都合の良いように、見えてないところを補うのです。

一次元なら9。

二次元なら7くらい。

三次元は、一気に妄想の余地がなくなって1くらい。

残りの部分を好きに思い描く。だからこそ余白の大きい二次元が好まれるわけで。

そして私は、二次元萌えよりさらに業の深い一次元萌えの人です。

好きな芸能人は？　と聞かれてもとくに出てきません。

オレノヨメも……スナフキンくらいしか（でも、それも本からも入ってるしな）。

でも、一次元萌えならもう迸《ほとばし》るほど。子供の頃から今に至るまで、寝るまえには必ず本を読んで妄想力を鍛えています。入眠時はその世界にいかに入り込むかの至福タイム。

キャラクターで特定の容姿（黒髪パッツンロングとか）、特定の性格（鬼畜眼鏡とか）に惹かれるように、フラフラと心が動く特定の描写や語句の組み合わせがあるみたいなん

ですよねぇ……キャラクターほど類型化されていないので、どうもパターンが摑みにくいのですが。

　トキメキを喚起する言葉の周りに、自分でぶわっと妄想を組み上げていく喜びよ。予《あらかじ》め与えられた萌えなんて、出し殻です、燃えかすです。

　なので、その頭の中に描いている物が多ければ多いほど、残りを誰かに埋められた時の違和感も大きいのではないかと。

　漫画がアニメになった時に必ず感じる「え、このキャラ、こんな声なの!?」ってやつ。

だから、次元の壁を越えるって難しいんですなぁ。

　映像化されてうまくいった小説って何だろう……『チャーリーとチョコレート工場』[*1]、は良い感じでした。『ネバーエンディング・ストーリー』[*2]は、あ～……うん、ね。『ハリー・ポッター』[*3]も、子役のいかんともしがたい成長という点を差し引けばアリ。『ロード・オブ・ザ・リング』[*4]も悪くなかった。でも『ナルニア』[*5]は後が続かないところを見ると、やはり……（私もダメでした）

　ファンタジー系は割と評価の良い作品が多い気がします。

　SF界で言えば、『ブレードランナー』?『遊星よりの物体X』、『ソイレント・グリーン』、『海底二万哩』[*6]、『月世界旅行』[*7]……あれ、こちらはなんか古い映画ばかりになってしまいました。

　昨今の素晴らしいCGはさらに想像力のぎちぎちのとこまで詰め寄ってくるので、苦手なのかも……ジャ○ネット並の熱さでリアリティを押し込んでくる感じ。

　という点では私的不安要素のある『エンダーのゲーム』。でもまだどさっと残っているシリーズ未訳への起爆剤になるように、ぜひともヒットして欲しいところ。

　お祈りしながら、映画館に足を運ぼう……。

# 今宵、歯を良く磨き…

未来ってなんだと思いますか？

空飛ぶ車？

猫型ロボット？

銀色タイツ？

恒星間旅行？

のんのんのん。

未来とは……親不知《おやしらず》をノミと槌《つち》とペンチで引っこ抜かないことです。


妙に歯が丈夫な私は、普段はほったらかし。時々クリーニングに行ったついでに見て貰う、という、歯に関しては徹底的な放任主義を貫いております。この崖を登ってきたものだけが俺の子だ!!

小学生の検診以来、一〇年以上ぶりにふらりと行ってみた歯医者さん。そこで親不知を発見された私。これは抜いちゃった方が良いだろうとの、歯医者さんのお見立てでございました。

一〇年。

一〇年たてば、世界はどれだけ進歩していることでしょう。

プレイステーション2発売が二〇〇〇年。

アメリカ同時多発テロ事件が二〇〇一年。

アゴヒゲアザラシのタマちゃんとチワワのくぅ～ちゃんが二〇〇二年。

カリフォルニア州知事にシュワルツェネッガーが当選したのが二〇〇三年。

一〇年前には、地上デジタル放送もスカイツリーもスマホもツイッターもフェイスブックもなかったのです。

一〇年一昔。

医療の世界においては、カプセルタイプの内視鏡や、胃炎の原因とされるピロリ菌が内服薬によって除菌できるようになったり、湿潤療法が一般的になってきたり、そりゃもうドッグイヤー（成長の速い犬にとっての一年は人間の七年に相当するという意味。技術革新など変化の激しいことのたとえ）。

素晴らしく明るい未来が大挙して押し寄せて平均寿命百年越えも間近かね的勢いな訳ですよ。

親不知なんてものも、すぽーんのぽいーんのぺいってな感じでね……え、なんで、トンカチとノミ的なもの持ってるの？　なんで歯科衛生士さん、私の頭をがっしと固定するの？　先生、何振り上げちゃってるの？　まさかのホラー映画的展開？

親不知を、ノミと槌で叩きだし。

ペンチでメリメリブチンと引っこ抜き。

大穴を縫って。

その間、「どうして人には気絶スイッチが

ついていないのだろうか」と絶望していた私（海外では全身麻酔で歯の治療したりもするらしい）。始まっちゃったものはどうしようもない、耐えるしかない。痛いとか怖いとかのレベルではなく、明らかな暴力行為にさらされている自分の体を甘んじて受け入れなければいけない、この無力感。

　その反動は、治療が終わったあとに来ました。待合室で号泣が止まらない。体がパニックを起こして、ガタガタ震えながら、大号泣。テレビとかでよく見る、あの涙がちろりと滲《にじ》む程度の大号泣じゃないですよ、身も世もなく待合室のソファに倒れ込んでの泣きじゃくりです。ついでに泣きすぎて過呼吸です。

　それを見た待合室のお子様大号泣。そりゃそうですよ、「悪〜い虫歯をやっつけちゃいましょうねぇ」とかバイキンマン的メルヘンイメージを植え付けられて連れてこられたら、どう見てもオトナな人が「ぶぉええええええええ」と泣いてるんですもの。

　結局、歩くこともできず泣きすぎて痙攣《けいれん》している私を三〇分後に家族が車で迎えに来ました。泣きながら聞いてたよ、先生が「……ええ、なるべく早くお迎えにいらして下さい」って渋い顔で家に電話してたの。

　この現状を看過して何が未来か。

親不知がすぽーんのぽいーんのぺいっで抜けるようになるまでは、私は断固未来が来たとは認めませんからね。医学の進歩も全否定ですからね。

と、心を固めてから、さらに十年後。

　上記の如き熱い主張を、新しく通うことになった歯医者さんに力説したところ、あっさり「医療の進歩ってのは基本的に内科的なことね、外科は大してかわんないから諦めて」と言われました。

　……私の未来、終了のお知らせ。

　涙目でいつもより丁寧に歯を磨いた夜。

# 百億の昼と千億の夜と七千兆のクッキー

いえーい、この号が出る頃にはすっかり廃《すた》れているであろう[*1]、今年の瞬間最大風速こと、クッキークリッカーについて熱に浮かされたように書き殴っちゃうぞ。

だって、今、夢中だから。

たぶん三日後には飽きてるだろうから。

お孫さんに食べさせてあげようと焼いた、おばあちゃんのチョコチップクッキー。

「あなたのクッキーは本当に美味しい。お店を出せばいいのに」

なんて社交辞令に調子に乗ったおばあちゃんは本当にお店をオープンさせてしまいました。すると、これが大評判。

引きも切らずお客さんが押し寄せるので、自分で焼いているだけではとても足りず、近所のおばあちゃん方の手も借りることに。

材料を集めるのも一苦労。「そうだ、農場を作ってしまえばいいんじゃない?」どんどん収穫されるクッキー。

**『放し飼い農場のクッキーはナウなヤングにバカウケ、専門家が語る』**

いつまでも家内制手工業にも限界があるので、設備投資をして工場を建てました。所詮、手作り風レシピ、でいいんです。

**『ストライキ中のクッキー工場、代替労働力として作業用ロボットを採用!』**

おや、なんと鉱山でクッキー鉱脈が発見されました。これは朗報、掘って掘って掘りまくりましょう。

**『チョコレート鉱山が地震とシンクホールを引き起こすことが発見される!』**

でも、地球資源には限りが……そうだ、宇宙船を作ってクッキー惑星を探せば良い!

**『99・8%がチョコレートの大質量惑星、コアが純粋なダークチョコレートであると証明される!』**

ねぇ、この世の中で一番大事なのはクッキーですよね? 金なんてクッキーに比べたらゴミみたいなもの、錬金術研究所で金をクッキーに変換しましょ。

**『貴重石のチョコレートへの交換数がさらに増加、国民の金の貯蓄量が低下!』**

クッキー惑星があるなら、クッキー次元もあるわよね? ポータルを開いて、ごっそり持ってくればいいのよ。

**『異次元へのポータルはやがて街を飲み込む災害へとなるだろう!』**

待って待って、発想の転換よ。食べる前のクッキーを過去から持ってくればいいじゃない。うは、天才現る!! タイムマシンをすぐに作って!!

**『過去から持ち帰られたクッキーは「人間が消費するには適さない」と歴史家が指摘』**

見つけたわ、最強にして最後のクッキーの材料……反物質よ！　宇宙に満ちる反物質をクッキーにしてしまえばいいのよ！　さぁ、この反物質凝縮器でさらなるクッキーの高みへ!!

**『全都市が反物質コンデンサによるブラックホールに飲み込まれているのは一目瞭然、街は「もはや物質が存在しない」確固たる証拠である！』**

クッキークリッカーの歩みはこんな感じ。『』の中は、進行度合いによって表示されるニュース。どんどん深刻な感じに……秒速五六七億枚（コレ書いてる時点で）でクッキーが生産されるとか、完全にバイバイン[2]の世界ですよ。ハイパーインフレの心地よさよ。確かバイバイン検証では、約二四時間後に宇宙が埋め尽くされるとか……クッキーはさすがに倍ではなく、施設強化をしても%で増えていくだけなので、もうちょっと余裕はありそうですが、それにしても早晩宇宙はチョコレートチップクッキーに埋め尽くされることに。

例えば金属が全て没収され、クッキーにされていく……やがては不要と見なされた人間も、なディストピア小説。

過去に遡って食べる前のクッキーを持ってくるタイムパラドックスネタなんて、コニー・ウィリス[3]にぜひ長篇で書いていただきたい。

とあるアイテムを買うとお祖母ちゃんたちの意識が統一され、ババアポカリプスが起こって旧神が目覚め、宇宙的恐怖が来襲する流れなんてそのまんまクトゥルーですし。

日本中を席巻したクッキークリッカー、わけがわからないよ!!　と思いつつ、今日も原稿の合間にゴールデンクッキーをクリックしています。三日後には飽きてるだろうけどね。

# 手書きの書に捧げる先行投資

去る一〇月二〇日に開催された「ＳＦサミット─今宵はお祭り!!」、日本ＳＦ作家クラブみじんこ会員として、私も末席にお邪魔させていただきました。

壇上には、東野司会長[*1]をはじめ、新井素子様[*2]、森岡浩之様、若木未生様[*3]、そしてシークレットゲストとして山田正紀様[*4]、長谷敏司様[*5]もいらっしゃって、固い話題からごくごく柔らかい話題まで大盛況。お客様がＳＦ好きなこと前提で話せるって、素敵ね。

その中でも話題沸騰だったのが執筆環境のお話。まあ、こんな世の中ですから、当然基本はＰＣ、キーボード（新井先生は皆様ご存知のようにワープロですしね）。そこで山田先生がさらりと仰《おっしゃ》った「僕は手書きです」に会場ザワリと。さらに続けて「それを７notesというアプリで読み込んで、Evernoteに上げてます」と言われたものだから、もう皆いっぺんにやられました。

さすが山田先生、なんてかっこいい!!

そこからお話は執筆と身体感覚の関係へ。いやあ、これが奥深くてねえ……。話し言葉と書き言葉が違うことは、それぞれに仕事として関わっているのでよ～くわかっているつもりでした。でも、まさか、書き言葉と打ち言葉も違うなんて。頭→キーボードのタイムラグと、頭→手のタイムラグの違いかしら。

お話はどんどん加速し、新井先生の手書きからワープロにしたら、登場人物の名前の画数が多くなった事（でも、氷室冴子先生[*6]はその当時からちゃんと手で瑠璃姫と書いていたらしい!!）、あとは、「ＰＣだといつまでも直してしまう、でも原稿を直している時間は生産していない、新しく書く事からひたすら逃げているだけだ」という山田先生のお言葉に、全員頭上から金ダライがぐわわわ～んと。

あーもうインストールするでしょ、７notes!! ９００円？ なんぼのもんじゃい!! スタイラスが書きにくい？ 一番いいの買ってきたるわ!! こちとら大人じゃけんのう!!

と、ほとんど殴り込みのような勢いで向かった家電量販店で、いままでだったらとても買えなかった２５００円の高級スタイラスを購入。おそらく、あの日会場にいたお客様＆作家陣の何割かが同じ行動に走ってると思われます。すごいや山田先生、一言で日本経済を回しちゃったよ。

先端にプラスチックの透明円盤がついているおっしゃれ～なスタイラス[*7]は、さすがにお高いだけあって、スラスラサクサク素敵な書き心地。

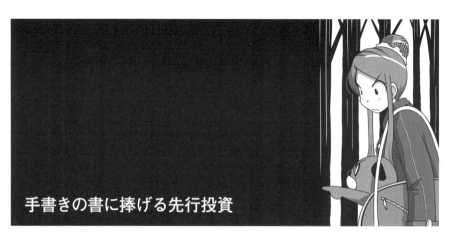

そう、今回の原稿は基本、手書き!! 感化されやすいって、素直ってことだよね。どうかな……なにか違いますかね？

　7notes、思ったよりちゃ〜んと認識してくれます。心配だったわからない漢字や書くのが面倒な漢字も平仮名で書けば変換してくれたり（今も変換の換の字が出てこなかったし）。困った点としては、三点リーダが、・・・だったり…だったり…だったり難しい。「しん」などは「に」と読まれちゃったり。「い」や「つ」が小文字として認識されやすかったり。女子高生か。iPadの性質上、手首を固定して書けないので思ったより肩や腕に負担がかかる。以上がハード的な感想。

　ソフト面としては、長文が書けない。同じ言い回しが頻出。いかに語彙《ごい》が少ないか、だな……手で打つより考えないから、底の浅さが露呈する。文章のリズムや、語尾もうまくコントロールできてない。私の場合は、俯瞰で書いたものを脳におさめきれていないのかも。

　と、ここまで書いたところでメール添付で送付、いつも使っているJedit[*8]のフォーマットに流し込んで整地。私の場合、使うフォントや、どこで改行されるか、なんて視覚情報もとても大事なのです。基本はヒラギノ丸ゴProN[*9]、ちょっと堅く書きたい時は教科書体[*10]か明朝[*11]。隷書体[*12]や行書体[*13]で気取るのも嫌いじゃない。なので、できた文書は必ずpdf[*14]バージョンも添付。

　手書き原稿、わかったのは、そもそも自分、ほとんど手で書いた事のない世代だったので、むしろ新しい体験に近かったってこと。父の払い下げの富士通オアシス[*15]を小学生くらいから愛用していたので、手で書くのは学校の作文くらい。

　脳と手の体操のためにも、先行投資したアプリとスタイラスのためにも、手書き、時々やってみなければ。[*16]

# 書評の書に捧げる薔薇

　本が出るぞ〜〜〜〜〜!!（船が出るぞ、的なアレで）

　なんと、人生初の本を出していただくことに……待てよ、そう言えば過去に写真集を一冊出していた。

　もとい。

　なんと、人生初の「文字の」本を出していただくことになりました。他出版社さんなのですが、SFMは優しいから宣伝させてくれるって信じてる（オモネル）。

　書評連載をまとめた『乙女の読書道[*1]』が一月末、本の雑誌社さんより刊行予定です。中身は今までの行き当たりばったりで、偏《かたよ》っていて、独断的で、勢いだけはある書評（というか読書感想文）。

　書評本って余り出てないですよね……基本的に書評って、時事もの。新刊を取り上げるから、本にしてまとめる頃には旬が過ぎちゃってる、ってことが多い。でも、大丈夫、私の選んだ本と言えば……

　澁澤龍彦『ねむり姫[*2]』

　高木彬光『妖説地獄谷[*3]』

　ケストナー『五月三十五日[*4]』

　セス・グレアム＝スミス『高慢と偏見とゾンビ[*5]』

　マーク・ローランズ『哲学者とオオカミ[*6]』

　ジャック・ハム『人体のデッサン技法』&A・ルーミス『やさしい人物画[*7]』『きのこ絵』

　あとは私定番のダイアナ・ウィン・ジョーンズ[*8]に、ウッドハウス[*9]。

　SF畑からは『虎よ、虎よ！[*10]』『女の国の門[*11]』『ようこそ女たちの王国へ[*12]』『ルナ・ゲートの彼方[*13]』『ドクター・アダー[*14]』『電脳麻薬ハンター[*15]』『アードマン連結体[*16]』『量子回廊[*17]』『妖精作戦[*18]』『リヴァイアサン三部作[*19]』『太陽系無宿／お祖母ちゃんと宇宙海賊[*20]』etc……

　はい、半分くらいSFです。これでもラインナップを見返して、よく抑えたなぁ、と思ってる。ほっとくと毎回SFになっちゃうので、それではいかん、とバラエティに富んだ選択をしたつもりが……安定の青&紫&クリーム色&灰色の背表紙率。もう仕方ないよね、川島なお美の血がカベルネ、涙がシャルドネでできているように（古っ!!）、私の体はSFとファンタジーでできてるんだもの（オモネル、その2）。

　そしてなんと、こちらの本には、一九九六年からおよそ一年間、週刊プレイボーイに連載していた「春菜のCoffee, Tea or Book?」というわたくし人生初の連載も一部載せていただくことに。

　震える……耐えきれなくて少しだけ手を入れさせては貰いましたが、若気の至りと言うにはあまりにあまりな内容に口から奇声を発しながら転げ回ったよ。[*21] これ、公開して良いんですかね!? 私、今後一生紙袋をかぶって過ごすようなことになりやしませんか。

　しかし……この時から選んでる本と選んでる姿勢に、ある意味ブレがない……ここまで来たら、徹底して娯楽読みとして生きる覚悟も決めました。三つ子の魂百まで、ここからいきなりルポルタージュ大好き、ビジネス書を通勤時間に欠かさず読みます、にはならない、絶対に。

　さらにさらに。史上初親子対談……そう、書評の大先輩として、池澤夏樹[*22]先生にお話をお伺いしました。てへ。力業の投げっぱなしジャーマンみたいなことしてすまない。

　これがね、もう予想以上にアレでアレな感じの対談に。物書き界で親子対談って他に誰がいるかしら、と調べてみたのですが、吉本隆明×ばななさんが対談集を出しておりました。ばななさんも、あのいたたまれなさを体験したのであろうか。

　そんなこんな書評集……いや、時事性のない書評、なのでどちらかというと、本にまつわるコラム、エッセイ集。寄って立つところは必然的に書いている人そのものになるわけで。私自身の読む力、それを言葉にして伝える力がそのまんま試される。

　父との対談の中で出てきた言葉は、セレクトショップ、でした。なるほど……特定のブランドではなく、店主の拘《こだわ》りと偏りと世間的にはそれどうよなセンスを爆発させた、一般受けはしないかもしれないけれど、マニアには大受けなニッチな需要を満たす店。

　ここまで来たら、大変わかりやすい店主の趣味が駄々漏れる唯一無二のお店となれれば本望であります。

# ボーイング787 ―春菜と飛行機―

SFの世界には、多々大きな物ができます。人工物しかり、自然物しかり。

SFとは人智を越えた大きな物に、想像力を及ばせる事、でもあるのかも。

でも、実際大きさや重さ、距離って、数字上はわかっても、実感としては把握しにくいものです。

ジェラルド・オニール博士[*1]が一九六九年に想定したシリンダー型スペースコロニー[*2]は直径六km、これは東京駅から国立競技場くらいまでの距離。長さ三〇kmは東京駅から吉祥寺まで。人口一〇〇〇万人は神奈川県よりは多く、東京都よりは少ない。

かに星雲[*3]までは七〇〇〇光年。

世界一重い航空機An-225[*4]は約六〇〇トン。

わからん。全然わからん。こと重い物なんて、持てる持てないの二択しか判断基準がない。そしてだいたい持てない。終了。

なので、大きくてきれいで重くてメカメカしい物を見て実感を養おう、と思い立ち、行ってきました……ANAの機体メンテナンスセンター!!

とても人気で、予約がすぐに埋まってしまうらしいんだけど、たまたま一枠空《あ》いていたので。ええ、カップルと、物々しいカメラ抱えたおじさま方と、親子連れと、修学旅行生に混じって、明らかに浮いた人が一人。

でも行って良かった、ほんと面白かった。

揚力と推力、抗力、引力の関係を模型を使ってわかりやすく説明してくれたり。いかに細かく、丁寧にメンテナンスをしているかの映像だったり。今までの外装と、新しい外装のモックを持ち上げて重さを比較できたり。

場所を移して、整備工場に入った瞬間のテンションの上がり方ときたら(それまでも充分興奮してたんですが)。もはや巨大すぎて距離感すらわからない。え、あの壁掛け時計、実は直径一・八mとな!? こ、この扉一枚が二五mプールとほぼ同じサイズ、えと、それがここには1、2、3……たくさん。

そして何より、はじめて、あんな間近で飛行機を見た!! ちょうど行った時に、787が整備に入っていたのです。美しい……完璧なライン、圧倒的なその佇《たたず》まい。

あの大きなジェットエンジンはロールスロイス製、真ん中にはシナモンロールみたいなお洒落な模様付き。787なら二〇枚あるファンブレードはチタン製で、一枚およそ二〇〇万円。エンジンのお値段、実に二〇億円。

燃料は翼の部分に入っているそうです。だから、出発時と到着時では、微妙に翼の角度

が違うんだって。

コックピットのヘッドアップディスプレイ[*5]に、エレクトロニック・フライトバッグ……[*6]

未来がここに!!

うっとりと機体を見上げ、写真を撮りまくり、ANAの方の説明に食いつく、一見場違いだった私は、気づけば飛行機マニアのおじちゃま達に撮影ポイントを譲られるように。

旅好きな家に生まれたものだから、赤ちゃんの頃から飛行機三昧。三〇〇回くらいは乗っているのかなぁ……でも何度乗っても、あの離陸の瞬間のワクワク、そして着陸の瞬間の淋しさは変わりません。

二点しか接地していない自転車が走る仕組みは信用していないけど、金属の塊の飛行機が飛ぶのは信じてる。あれはね、浪漫と、信頼と、気遣いと、その他諸々（お金や燃料の力）で飛ぶのです。

威風堂々とした飛行機と、整備工場。

大きくて。

きれいで。

精密。

胸の中いっぱい、確固とした、美しい自信で充たされるような、何とも言えない良い気分でした。

機会があればSFクラスタの皆様は、一度は行ってみるべきかと。そうしたら、次にシリンダー型スペースコロニーとか、太陽風を受けて飛ぶ宇宙ヨットとか、気嚢《きのう》をぶら下げて木星に降下していく探査船とか出てきても、何となくの大きさが把握できるかも、ですよ。

「飛行機は向かい風に向かって飛ぶんだよ。前から風が吹いてるってことは高く飛べるってこと」

私が悩んでる時に、パイロットの友達が教えてくれたこの言葉は、他の幾つかの言葉と共に私の人生の北極星。

ふと不安になったり、揺らいだりした時は、また飛行機を見に行こう。

# 果てしなき蔵書

人の本棚は気になるものである。

もうこれは本読みの宿命なのだ。同じタイトルを見つけてはにやつき、読んだことのないタイトルを見つけては目の色を変え。

隣の芝生が青いかどうかはどうでも良いし、隣の花が赤かろうが黄色かろうが気にならない。でも、どんな本をどうやって収納しているのかは確かめずにはいられない。

と、いうことで、拙著『乙女の読書道』の表一がなかなかの話題です（すみません、また他社の本の話題で）。

本を出すことが決まったときに、装丁をどうしよう→せっかくなら写真をどんと→図書館か本屋さんで撮ります?→それなら、うちはどうでしょ?　という流れに。

壁一面の本棚は、「これ、全部本ですか?」と引っ越し屋さんが暗澹たる表情になったサイズ、家に来る友達が「わぁ……」と息を飲んだあとに言葉を慎重に選びながら「図書館みたいだね」と言う存在感。

もっともっと凄い人はもちろん幾らでもいるけれど、やはり本の本なのだから、自分の蔵書を晒さないと。

ツイッターで皆様の反応を拾ってみると、

「業の深そうな本棚だな」
→はい、もはやどろっどろです。
「こんなに本を読む人の本棚がこんなに綺麗なのはあやしい」
→死にものぐるいで片付けましたとも。
「『乙女の読書道』って、まずこの表紙に写っている本は何か、そして自分の持っている本はあるかを確認してしまうな」
→わかる、もはや脊髄反射……。
「入念にカバーをチェック。左上に富士見ファンタジア文庫[*1]が四冊ありますけどなんでしょね。中二冊は背表紙の色があやしいけど、『ねこたま』[*2]『まさかな』に見えませんか」
→ねこたま、まさかな、羅針盤の夢、六分儀の未来。あれ、天秤の錯覚が行方不明だ。
「『乙女の読書道』SFな人達とカバーチェックの結果、やはり左端二段目が『サターン・デッドヒート』三冊で、三段目が『スタータイド・ライジング』[*3]であろうということになりました。老眼の人には、識別はつらかったようです」

あ、三段目はスタータイド・ライジングではなく、伝道の書に捧げる薔薇[*4]であります。デイヴィッド・ブリンさんはもうちょっと後、フリーゾーン大混戦[*5]の後ですね。

蔵書チェックと並んで気になるのが、収納チェック。いっぱいいっぱいでない、余白をいかした美しい本棚なんて〈ELLE DECOR[*6]〉の中でしか見たことありませんよ。限られたスペースにいかに大量の本を美しく、取りやすく収めるかは、本読みの永遠の課題。だって本は際限なく増えるもの……手元に来た本は基本的にもれなく取っておきたいもの。

私の場合は。

奥行きのある本棚なので、前後二段にしています。奥にハードカバーや新書版、手前に文庫。文庫は作者のファミリーネーム、あいうえお順。同じ作者の作品は、背表紙のナンバーに従って。なので、ハヤカワ[*7]の一冊目は今のところ、アン・アギアレイです。

文庫とハードカバーの比率にもよるけれど、今のところ、私はなんとかこの方式で収まってる。あ、図録や写真集なんかの大型本、変型本は一番下にまとめて背の高い本コーナーを作っています。

問題は、本棚にまだ収めるかどうか決めていない、未読本コーナー。これはね、私、一つだけどうしても皆様に言いたいことがあります。

どれだけ未読があろうとも、どれだけ場所が限られていようとも、けして、けして。

いいですか、けして。

本を横にして積んではならない。

本は横になった瞬間に死にます。これ、絶対。顔を横にして邦題を読む手間と、積み上がった本の山から抜き出す手間、この二つで一気に死蔵化まっしぐらです。

床で良いので、立てて並べて下さい。それだけで、ぐんと未読→既読率があがります。あぁ、もうこれ墓碑銘にしたいくらいの人生の真理。

日々、迫り来る蔵書との闘いに明け暮れる同志諸君、ドラえもんが世に生まれる日まで、そのポケットからかべ紙ハウス[*8]を出してくれる日まで、本を縦にしつつ、堪え忍ぼうではありませんか。

見て！ これが積読マニアの 成れの果てよ！
よくここまで 積めたね
こうなるともう 読むよりも積む ほうが目的に なってるというか
あ！ 『乙女の読書道』 がこんなところに
最下層は圧縮され 全ての本が一体化し 根まで張っています
家は完全に本に取り込まれてしまっているね
住んでた人は どうなったのかなあ？
だから 積んじゃダメ！ って言ったのにね

# 明日は見えねど高楊枝

一見スピリチュアルなようでいて、実はコント、そして最後は無理矢理SFなお話。
　母の友人とお茶をしていたときのこと。実は霊視ができる、とその方が。面白がっていろいろと聞く私。
友「春菜ちゃんの守護霊はね……」
春「(きたーっ守護霊[*1]!! エクスペクト・パトローナム的な白い鹿とか、ジーヴス[*2]みたいな素敵執事がいいな)」
友「三十人くらいいる」
春「ふぁっ!? なんですか、それ、多くないですか?」
友「うん……もう後ろの方、見えないね」
　この時点で私の脳内では、EXILE守護霊がぐるぐると。
春「どんな方がいらっしゃるんですか?」
友「おじさまばっかり……五十代から七十代くらいだね」
春「(ロマンスグレーの執事集団!!)」
友「一番メインの人は、コロコロのついた社長椅子に座って、足でしゃ〜しゃ〜って動いてる」
春「ロマンスグレーというより……植木等[*3]?」
　ここで説明。その方曰く、守護霊というのは別に縁《えん》も縁《ゆかり》もない方がふらっと乗ってくるらしい。面白そうな人のところには、チームの応援団の如くわらわらと。だから三十人もいるんだって。え? じゃあ私のご先祖様は、見知らぬ誰かの応援をしているってこと? なんかちょっとがっかり。
　で、各役割が決まってる。お仕事担当とか、恋愛担当とか。
友「春菜ちゃんには、お仕事担当しかいないね。あ、ちょっと待って、七番目に気の弱そうな事務員風のおばさんが……それが恋愛担当だって」
　七番目、微妙。
　事務員風、微妙。
春「あの、その人にもうちょっと前に出てきていただくわけにはいかないですか? 恋愛面強化しといた方がいいんじゃないかな、って……」
友「必要ないって」
春「は!?」
友「春菜ちゃんは仕事に生きるべきだって」
春「いやいやいや!! ほら、私生活の潤いがないと、仕事にだってハリがね!?」
友「アイドルとして生きるべきだって」
　じわじわ上がり続けていた私の激怒メーター、ここで振り切れる。
春「あほかーーーーーーっ!! 今更アイドルも何もあるかい! 全員出てこい!! 説教

じゃーーーーーーーーっ」
　守護霊三十人を目の前に並べて（見えないけど）片端からしかり飛ばす未曾有《みぞう》の事態。
春「なんで今更アイドル!?」
友「一番目の人が昔アイドルの面倒見てたらしくて」
春「完全私利私欲じゃないですか!? アイドルになんてなりませんし、なれません。それより、恋愛面を強化せよ!!」
友「二番目に政治家風の人がいて、ゆくゆくは政治の道に、って言ってる」
春「それも絶対ないから! なんですか、その人も元政治家だったとかですか?」
友「人間だったことはないみたい」
春「じゃあその格好は政治家コスプレかーーーーーっ」
　最終的に池澤商事の社長として、ボンクラ社員に檄《げき》を飛ばす大演説会みたいなことになり……社員一人一人が責任とプライドを持って頑張らないのであれば、いっそ会社を潰して社長一人で0から新会社を立ち上げる、全員リストラ（どうやるかわかんないけど）されたくなければ各《おのおの》自覚を持って誠心誠意取り組め、と。
春「死ぬ気でがんばらんかい!!!」
友「もう死んでます」
をハイライトに、見えない何かと戦い続けた四時間……ええ、四時間もたっていました。
　で、この話がどうSFかと言いますと。
　デニス・ダンヴァーズ[*4]の『天界を翔ける夢』[*5]、あれって結局守護霊みたいなものかしら、と。死者が電脳として生き続けられるのなら、生前の経験を活かして、メンターとして生きている人のサポートをするシステムがあったら面白いな、と思ったのです。
　まぁそうなっても私のところには結局、アイドルオタクの植木等か、政治家コスプレか、全く当てにならなさそうな恋愛担当事務員か、しか来ない気がするんですがね……。

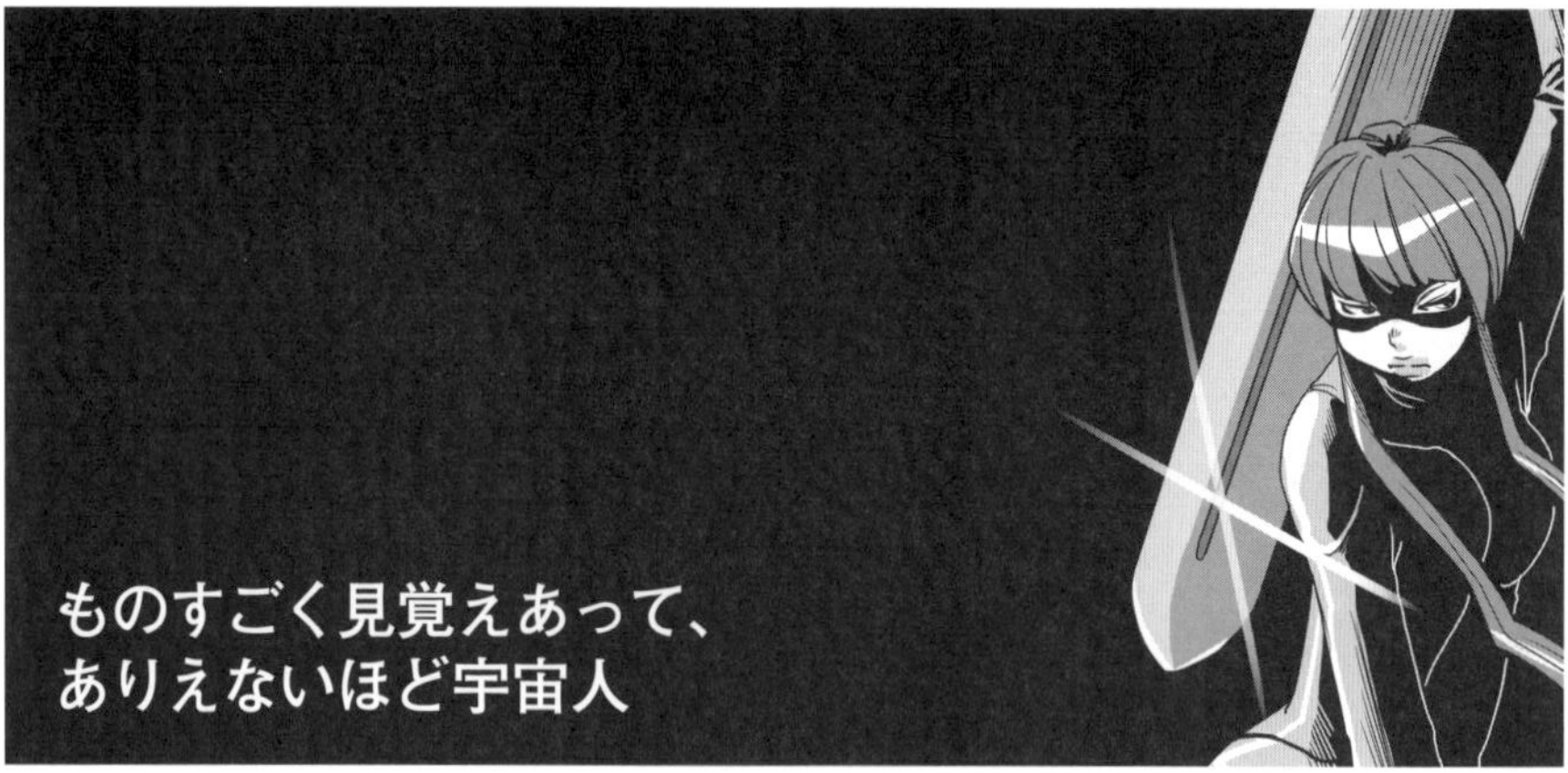

# ものすごく見覚えあって、ありえないほど宇宙人

七泊八日でNYに行ってまいりました。ハワイには何度か、アトランタ経由でオーランドのディズニーワールドに行ったことも。でも、なんとなくアメリカ、というものに苦手意識を持っていた私。ど真ん中であればあるほど、「まぁ、わざわざ行かなくても」と避けてしまう傾向が。

カッコつけて言うなら辺境主義だけど、その心は単純に、真ん中に対する引け目負い目。都心から来た転校生を僻《ひが》んだ目で見てしまう地元生。華やかな日の当たる世界のキラキラに憧れつつも、でもそれを正面切って認めることができない複雑な自意識の捻《ねじ》れ、なのです。わぁ、面倒くさっ!!

なんて、理由なき辺境主義を気取っていた私ですが、この度は半分お仕事。覚悟を決めて、まん中もど真ん中、NYCに乗り込むことになりました。実は私、写真館を経営しておりまして……今回は衣装や小道具、セットに使うあれやこれやを買い付けに、アメリカまで足を伸ばしちゃったのです。

ですので、旅の仲間四名中、私を除く三名がスタイリスト。まぁお買い物のアドバイスには事欠かないこと。靴を見てればさっと足元にストラップを外した靴を差し出し、履く間肩を貸してくれ、サイズを見、ごく自然に全身鏡まで誘導……この一連の流れを意識せずにできちゃう職業魂。翻《ひるがえ》って私なんか、ちょっと喋りがうまくて手先が器用でお茶に詳しい程度の、どこにでもいるただの本読みです……できることと言ったら、適当な英語で適当な通訳を買って出るくらいしか……。

蚤の市を回ってアンティークを品定めし、厚さ一五cmはあろうかというパストラミサンドに仰天し、毎朝違うパンケーキ店で食べ比べに興じ、靴を四足買い、お皿を五枚とティーセット五組、デッドストックのキノコ柄のジャーにガラスの小物入れ、割れ物を山ほど買い、初めてのNYCを満喫した一週間。

でもなんだろ、ずっと私の頭に灯っている?マーク。そう、空港を出てタクシーに乗った時から。これは……既視感。見るもの全部、既に見たことがあるような気がしてならない。一二時間飛行機に乗ってきた割には、新鮮な驚きがないというか……

この街角も。

この摩天楼を見上げる感じも。

この公園のベンチも。

このゴミ集積所さえ。

私知ってる。

ああ、そうだ、これは生《なま》金閣寺を見たときの「絵葉書や写真とソックリ。ていうか、そのまんま過ぎてむしろ感動がない感じ」に相通じる、いわれのないガッカリ感だ。

実際に訪れるのは初めてでも、私の中にはさんざん映画やドラマの中で見てきたNYCが確かに存在してました（同行した友人がSATCとゴシップガールに大はまりで、ロケ地を全部解説してくれたおかげもあるけど）。

そうか……もしかしなくとも、NYCって世界で一番ロケ地になっている都市じゃないか。

だから、街角の本屋で、カフェラテとベーグルを持ったヒロインがハンサムだけど感じの悪い店員にぶつかって稀覯本をダメにしちゃい、その後くっついたり離れたりしたり（でもその店員は実は宇宙人）。

見上げれば、摩天楼をなぎ倒しながら巨大なマカロンが降りてきて（でもそれは実は宇宙船）。

売れない作家が自殺しようと泊まったモーテルの聖書の間から株券を見つけて一躍大金持ちになり、セントラルパークのベンチに座ってリスに餌をやりながら今後のことを考えていたら、昔自分を振った恋人にばったり再会、その傍らには自分とよく似た小さな女の子が（でもその恋人は実は宇宙人）。

ゴミ集積所から、アクシデントで地球に来てしまった、もこもこした可愛い着ぐるみ型エイリアンがおそるおそる顔を覗かせた所にいあわせた主人公が、持っていた齧《かじ》りかけのスニッカーズをあげたら大好物になっちゃって、後々地球を救っちゃう的な伏線もあり（もちろんその宇宙人は実は宇宙人）。

町並みも銀座ぽかったり、青山ぽかったり。世界第一の都市というのは、それだけ世界中に「あの街に倣《なら》え」を生み出した都市でもあるんですな。

初めてのNYCは、強面《こわもて》かと思いきや、意外と気さくで豪快なマンションの隣人、くらいの存在でした（でもたぶん宇宙人）。

# 鳥居とスケルトニクスと忍者な私

ロボットに乗ってきたよ!!
いや、より正確に言うのなら。
足だけロボットを履いてきたよ!!

事の起こりは、お友達のジュリワタイちゃんの作品に、私がモデルとして参加させていただくところから。

　ジュリワタイちゃんとは……イタリアで出版された写真集『SAMURAI GIRL』が大人気。アキバを舞台にした『はーどうぇあ・がーるず』など、サブカル系メディアにとても強いフォトグラファー。

　そんなジュリちゃんが今回の作品撮りの舞台に選んだのが……日本庭園!! 朱塗りの鳥居の前に、燦然《さんぜん》とそびえるスケルトニクス。

　スケルトニクスとは……高専ロボコン全国大会で優勝した三人が、チームスケルトニクスを結成し、製作した無動力の搭乗型外骨格。今回撮影でお借りしたのは、イタリア車のような深紅のカウルも美しい最新機。

　そして私は、メッシュ×黒エナメルの忍者っぽい衣装。さらにはSONYの3D対応ヘッドマウントディスプレイHMZ-T3。

　お側に付き従うは、赤いキラキラメイド服のアンドロイド（という設定）。搭乗者＝私をサポートするアシスタントアンドロイド……

……ファティマだ!![*1]

　ああ、ウィリアム・ギブスンが見たらその場で短篇を一本書き上げそうです。

　そしてSF者なら即座に思い出すであろう、外骨格＝ジョン・ヴァーリイ『ブルー・シャンペン』[*2]。

　本来なら、支柱に設置したままのスケルトニクスに私が入り込む形での撮影でしたが、どうしても我慢できず、装着させて貰えないかと頼み込んじゃいました。今こそ私メガン[*3]になるのね!! と意気込んでまずは足だけ……

……あはは、ぜんっぜん動けない。

　スケルトニクスはあくまで外骨格スーツ。足の部分も、竹馬的な感じなのです。この日は撮影用ヒールブーツ。さらには普段男性が装着するので、足の小さい私では、つま先部分の固定具に届かず。そして重い……。

「いきなり立てただけでも凄いんですよ」と慰められましたが、私は黄金のジプシーならぬ、深紅のジプシーになりたかったのです……

……その状態で二〇kgあるという上半身を背負うのは無理だったので、今回は足を履いただけで終了。

　思い切り他誌なのですが、ロボコンマガジンという雑誌で、私、いろいろなロボット工学の先生にお話をお伺いする連載を持たせていただいていたのです。それぞれの先生の目指すロボットの形が全然違って、とても面白かった。

iPhoneのように、身近でアシストしてくれるパートナーとしてのロボット。

歌って踊れるヒューマノイド美少女。

部屋自体をロボットとする、空間知としてのロボット。

そしてもう一つの考え方として、身体能力の拡張としてのロボット、つまりはパワードスーツ。ここの境が実は良くわからないんだけど……

ロボットとは：ある程度自律的に連続、あるいはランダムな自動作業を行う機械人や動物に近い形および機能を持つ機械。『鉄腕アトム』[*4]や『機動戦士ガンダム』[*5]等のSF作品に登場するようなもの。いわゆる「人造人間」や「機動兵器」（広義のパワードスーツ・人間増幅器とも）など。

パワードスーツとは：人体に装着される電動アクチュエーター[*6]や人工筋肉などの動力を用いた、外骨格型、あるいは衣服型の装置。

え〜と、ガンダムはロボット。でも中に人が入って操縦するから、パワードスーツでもあり。でも、そうしたら、車も飛行機もロボットになっちゃう。とすると、ポイントは人型かどうか？

ううう。

ロボットに乗ってきたよ!!

いや、より正確に言うのなら。

足だけロボットを履いてきたよ!!

もっと正確に言うのなら。

足だけロボット的な、パワードスーツ的な何かを履いてきたよ!!

ともあれ。

ジュリちゃんが撮ってくれた、最高にクールな、鳥居とスケルトニクスと忍者な私、お楽しみに。

ふっふっふ パワードスーツを手に入れたぞ
これでSF界の制覇も近づいたわ
さあ！ 野望実現に向けて 大いなる第一歩を！
ぶぎゅる
COCOさん なんでこんなところにいるの！
でろ〜ん
事故の後遺症に悩んでいるところすみませんが
春菜ちゃんに踏まれたいとのお手紙が編集部へこんなに！
あれって手(足)加減難しいのよ

# 短期留学者は英語の海に漂う

ワシントンDCなう!!

もろもろのタイミングを鑑《かんが》み、仕事を調整して、短期留学に来ております。最後のワガママ、のつもりで。

両親の家に寝起きしつつ、月曜～金曜日までみっちり語学学校に通う毎日。アメリカ人の父に探してもらった学校には、日本人は一人もおらず。クラスメイトの国籍はコロンビアに、南アフリカ、スペイン、サウジアラビア、と種々様々。

早起きしてお弁当を作り（ランチタイムが短いのと、こちらの食事が多すぎて、外で食べると辛いのです）、一人メトロに乗って学校へ。道中はESL Podcast[*1]を聞き、帰りは途中下車してスミソニアン博物館[*2]を片っ端から見学。家に帰れば復習と宿題に追われ、夜はお客様をお招きし、お招きされ。おうちでパーティならおもてなし料理を作り……大変忙しいです。

なのに、持ってきた本が恐ろしい勢いで消費されていくんです。どういうこと？　もしかして妖怪本読みでもいるのかしら。

保険としてKindleを持って来たんだけど、それはそれとして読み物はできる限り確保しておきたい……そうだ、せっかくだからこの際原書にチャレンジしてみようかしら。

と思って本屋さんを探したんだけど、意外と見つからない。スターバックスなら各ブロックにあるのに。

アメリカの本屋事情も日本同様、もしかしたら日本以上に厳しいみたい。アメリカで二番目に大きかったブックチェーンのボーダーズが二〇一一年に倒産。最盛期はアメリカ国内に約五〇〇、ショッピングモール内のテナントとして、約七〇〇あった店舗が一気になくなっちゃったんだから大変です。

ということで、なかなか本屋さんを見かけない。書名がわかっていればAmazonで探せるけど、できれば日本でまだ翻訳が出ていない本を探したいのだ。こうなったらバーンズ&ノーブル[*3]を探す旅に出るか……と悩んでいたら、学校近くにあっさり見つけました。その名も「Books A Million」。半地下になっているので、見落としていた……

おそるおそる入って最初に目に飛び込んで来たのが燦然と輝くSci Fi & Fantasyの札。えええええ、こ、こんな入ってすぐのわかりやすい場所に棚を作っていただけるんですか!?

その時の私の興奮ぶり、以下ツイッターより引用。

「きゃーっ!!　本屋さんあった!!　SF&F

Tコーナーあった!! なななななな、何買おう!? 今の私の乏しい英語力で読めるのはなんだろ……。」

「ぎゃーーーーーっ!! 隣にまだ一棚あった!! 何ここ!? 四一棚分、SFとFTがっ」

「振り返ったところの棚もそうだった。あと、一〇棚分。紀伊國屋で言ったらワンフロア全部SFとFT、みたいな占有面積。息ができなくなりそう!!」あやうく過呼吸になりかけた。

が、よくよく見ると、ほとんどがスター・ウォーズ[*4]かスター・トレック[*5]かWWC[*6]、あとはDragons〇〇ってシリーズ[*7]と、サルバトーレさんシリーズ[*8](?)。

うぬぬ……なんとかこの中から素敵未訳原書を探し出したい。と、三〇分近く隅から隅までじっくりたっぷり棚を眺めた結果、選び出したのは。

マーセデス・ラッキー[*9]の「Elementary」。

理由その1:マーセデス・ラッキー!!

理由その2:しかも未訳!!

理由その3:短篇集。およそ二九〇ページに一九の短篇。なので今の私の英語力でも読みやすいかな、と。(でも今よく見たら、マーセデス・ラッキーが書いたのは一篇だけ。シェアードワールド[*10]的な感じかしら?『ブラッド・プライス』のタニア・ハフ[*11]、アスプリンやマキャフリイとの共著でおなじみの、ジョディ・リン・ナイ[*12]、マリオン・ジマー・ブラッドリーの後を継いだダイアナ・L・パクスン[*13]、リージェンシーロマンス[*14]を数多く書いている Rosemary Edghill[*15] などなど)

理由その4:舞台はSteam-Age Britain!![*16]

理由その5:お値段約$8。しかも併設のカフェでクッキー一枚貰えるクーポン付き。

買わない理由が見つからない。後必要なのは読み続けるモチベーションだけ。

読んでみての感想、および私のワシントン読書ライフに関しては、また次回詳しく。

拝啓 クーさま。お元気ですか? こちらワシントンDCでの留学生活をエンジョイしております。
朝はちゃんとお弁当まで作っているんですよ。
さすがアメリカ、人種の坩堝《るつぼ》。
留学生も様々な国から来ています。
そうそう、ようやく品揃え豊富な本屋さんを見つけました。
SF&ファンタジイ棚の充実には眩暈《めまい》を覚えるほど。
うふ… うふふふ 留学期間延長しようかしら
春菜ちゃんはもう帰ってこない気がする……。
来月へ続く

# 時間のかかる読書

さて、目の前に今、ワシントンDCで買ってきたマーセデス・ラッキー編のアンソロジー、Elementary があるわけですが。

ここ一ヶ月、毎日カバンに入れたまま、持ち歩き、持ち帰り、持ち歩き、持ち帰り、一見見事に角っこが擦れて読みこんだ態ですが、全く読めておりません。ううう、一〇ページくらい？

いやぁ、ついつい日本語の本に逃げちゃってね。だって当たり前だけど、読みやすいんだもの。でも、その読みやすさの理由は、私の英語力のみならず、日本語の日本語たる所以にあるんじゃないかと思うのです。

例えば、ラッキーの書いた短篇“Into The Woods”の冒頭。

Mutti and Vati were talking again.

ええええ？　Mutti と Vati、誰？　固有人名かはたまた役職か……調べてみたら、ドイツ語でパパとママのことでした。なんでいきなりドイツ語……Steam-Age Britain が舞台だって書いてあるのに!!

その後も、

It was about the fact that they were living in a cottage in the little village of Holzdorf in the Schwarzwald.

え～と、Holzdorf はたぶん地名で……Schwarzwald も地名で……Schwarzwald の Holzdorf の、小さな村に住んでて……ええええい、七面倒臭い!!

お話としては、とても面白そうなんですよ。都会の何もかもにアレルギーを起こしちゃう、まだ幼い大地の魔法使いローザのお話。

他にも、As he did every day, Octli poked his nose first from his burrow to sniff for the scent of blood. というただならぬ書出しで始まる一篇とか。ああ、もうどんどん読み進めたいのに、瑣末なことにとらわれて、なかなか進まない。本を読みなれていない人の、数行ごとに前に戻って確認して、なにを読んでいたかだんだんわからなくなっていく、もどかしい思いを追体験しているところです。

このわかりにくさは、英語そのものの構造もあるのかもなぁ。Mutti や Schwarzwald といった、明らかに英語ではない単語、一応、イタリックにはなっておりますが、ぱっと見、人の名前なのか、この世界独特の造語なのか、それとも一般固有名詞なのか、よくわからない。日本語だと、カタカナひらがな漢字の組み合わせでなんとなく判別できるんだけど……これが仮に全くの造語だったとしても、使われている漢字の組み合わせで何となく意味が推し量れるのは、西島伝法さん*1の

『皆勤の徒』を引き合いに出すまでもなく。後は会話文。主語が基本的にIなので、話者が誰か混乱する。○○ said とか、×× called とか、いちいちつけなくちゃいけないなんて、回りくどいことこの上なし……

　遅々として進まず、ついいらいらして、日本語の本に逃げてしまうのです。改めて考えると、いかに普段自分が日本語の本を考えることなく、悩むこともなく、飲み下すように易々と読んでいることか……。

　ということで、自分の英語力不足を棚に上げて言っちゃえば、もしかして日本語って読み書きに非常に優れた言語なんじゃないかしら。役割語があって、カタカナひらがな漢字があって、ゆえに表音文字も表意文字も自由自在、縦書き横書きいけて、語順もパターンが多く、擬音語擬態語が豊富、省略も曖昧もお好きなだけどうぞ。融通無碍《ゆうづうむげ》で、千変万化。

　だからこそ、後から外国語として日本語を学ぶのはなかなか大変。日本語を勉強中の義兄は、「ジムのだ」と「ジムなのだ」の違いに呻吟しておりました（二番目はバカボンのパパだよ、と教えたかった）。

　翻訳をされる方はすごい。あくまで読み手として先へ先へ進みたい私には、このもどかしさに耐えるのは、ちょっと厳しいなぁ。もちろん全てではないけれど、これだけ潤沢に翻訳本が出る昨今、往時のSFファンが、日本に入ってこないSFを自分で取り寄せ、自分で翻訳し、気づいたらプロの翻訳家になっていた、なんて流れも今やないのかしら。せめてこれが電子書籍版であったら、まだしも内蔵の辞書と連動させながら読めるのに……こればっかりは紙の本に勝る電子書籍の利点です。

　ああ、この本が和訳された日には、訳者さんのご苦労をしのびつつ、翻訳にかかった何百分の一の時間で一気呵成《いっきかせい》に読んでしまいたい……そう思いながら、辞書を引きつつちょびちょび読み進めております。

# SF大会の長い午後

なつこん[*1]に行ってきたよ。

二〇一〇年のTOKON10、二〇一一年のドンブラコンから、三年ぶりの参加でございます。夕張と広島は、やっぱり難しかった……どうしても都市型ばっかりになってしまうので、一度は地方合宿型にも参加してみたいのですがねぇ。

今回はつくば。十九日はお仕事が入っていたので、二十日だけ、もちろん日帰りです。

この日の私のスケジュールは、

11：00〜12：30　SFなんでも箱番外編
12：30〜14：00　コスプレコンテスト〜目指せコスプレの星☆〜
14：00〜　サイン会
14：45〜　お茶会

……あれ、おかしいな、全部の企画が直結して見える……

そうなのです、今回はワールドコンスタイル[*2]というものらしく、間の休憩時間なしに企画がどんどん進行するという……う、うん、ワールドコン行ったことないから、そういう説明が正しいのかわからんのですが、とにかく移動時間0で移動するという、はなはだSFらしい催しに。

ぶっちゃけ、今のこの物理世界では無理。時間と空間の法則を歪めないと。

悲しきかな、物理法則に隷属する身なれば、企画が終わった瞬間にお部屋を飛び出して、控え室で荷物の入れ替えをして、猛ダッシュで次の企画に向かい、でもってまた終わった瞬間にダッシュして……それでも、常に遅刻してしまう切なさよ。

この日、皆様だいたい同じ状況だったらしく、出演者のご挨拶の決まり文句は「お昼ご飯は食べていません、〇〇です」でした。うう、私もお茶スペースでいただいたアメイジングカフェさんのお茶の他は、何も（ケータリングスペースでめざとく好物の生モミジまんじゅうを見つけて鞄に潜ませたけど、それもけっきょく帰るまで食べられなかった）。

自分自身の企画以外は何一つ見ることが出来ず、最後に駆け込みで酉島伝法さんの百々似講座に滑り込み、余った羊毛を貰ったくらい。おうちでチクチク刺します……一人で百々似ちゃん、作るんだ……

あ、いや、それが良いとか悪いとかのお話ではないのです。二十日しか私のスケジュールの空きがなく、この日に企画が集中しちゃった、というだけだし。なかなか普通にお客様としては来られない、来るときは登壇者としてしっかり事務所にスケジュールを押さえて貰って、ってなっちゃうし……

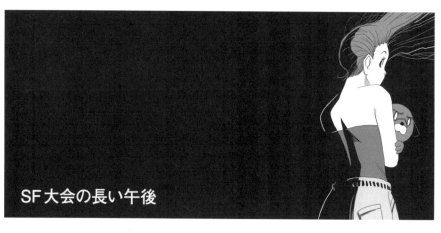

でも、ワールドコンスタイルというのは、なかなかに大変なものなのですねぇ。

参加した年数も回数も少ない上に、底辺のSF読みなので、全然状況がわからないのですが、日本SF大会と世界SF大会はその理念からして違うものなのかしら？

普段、お仕事としてイベントを請け負っているので、なんとなくいつもSF大会における身の置き方に困ってる感はあるのです。それはたぶん、SFファンと交わることなく、特異な進化を遂げたガラパゴスSF読みだから、というのもあるとは思う。

出演者（登壇者）とお客様、という分け方が身に染みちゃっているので、その間の振る舞い方がよくわからない。距離が近いのは良いと思うし、みんなで一緒に作り上げる感も、お祭り感も大好き。でも、時々、自分自身の向いている方向がわからなくなって、ちょっと不安にもなる。

そこらへんのところは、後日ツイッターでも古沢嘉通さん[*3]、牧眞司さん[*4]、神北恵太さん[*5]、菊池誠さん[*6]、堺三保さん[*7]たちがお話しされていました。時代と共に、どう変わるか、もしくは変わらないことを選択するのか。SF大会も、ここらへんが分水嶺なのかもしれませんな。

とりあえず、次回またワールドコンスタイルのSF大会になっても動揺しないように、ダイアナ・ウィン・ジョーンズの『バビロンまでは何マイル』[*8]を読んで、SF大会の正しい楽しみ方、およびテレポーテーションを身につけておこうと思います!!

追記：なんと、今年の暗黒星雲賞自由部門はなつこんタイムテーブルが受賞したそうです。なつこんに参加すると、企画参加者お客様問わず、全員テレポーテーションできるようになるよ!! 次回米子のこめこん[*9]では、もしかしたらテレパシーができるようになるかも。

# ステキな用語集

●勇ましいチビのSF者現る［P4-5］

**1 SFマガジン** 一九五九年創刊の日本唯一のSF専門誌。日本SFの発展に大きく貢献した。二〇一五年二月号から隔月刊になったことを惜しむ声は多い。

**2 coco** ブログで発表していたマンガ『今日の早川さん』が単行本化されて、二〇〇七年デビュー。休みの日は、ガンガン本を読んだり、ガンガン虫の写真を撮ったりしている。

**3『今日の早川さん』** SF者の早川量子（池澤春菜）、ホラーマニアの帆掛舟（浅野真澄）、純文学読みの岩波文子（大原さやか）、ライトノベルファンの富士見延流（広橋涼）、レア本好きの国生寛子（沢城みゆき）。五人の本好き女子たちのオタクっぽい、ややイタい生態を容赦なく描いて大好評を博したフルカラーコミック。既刊三巻。二〇一〇年にドラマCDになっており、（）内はその配役。豪華ですよね。

**4『福永武彦全集』** 一巻目は箱入りで、高さ二五七ミリ、奥行き一八四ミリ、厚み四二ミリ、重さ七八七グラムでした。

**5 ジェイムズ・P・ホーガン** 一九四一年生まれ、二〇一〇年没。イギリス出身のSF作家。ハードSFの書き手として、海外よりも日本で人気が高く（星雲賞受賞三回）、第二五回日本SF大会にゲストとして参加したこともある。代表作は『星を継ぐもの』『創世記機械』など。

**6 アーサー・C・クラーク** 一九一七年生まれ、二〇〇八年没。イギリス出身のSF作家。ナイトの称号を持つ、言わずと知れたSF界を代表する超大物であり、アシモフ、ハインラインと共に御三家（ビッグ・スリー）と呼ばれていた。その作風は豊富な科学知識に裏づけられたハードSFが基本で、『幼年期の終り』をはじめ、代表作も数多い。

**7 アイザック・アシモフ** 一九二〇年生まれ、九二年没。アメリカのSF作家。生化学の博士号を持ち、論理性に富んだ作風が持ち味（「ロボット工学三原則」を提案したことでも有名）。SF以外にもミステリや科学ノンフィクションなど、とにかく著書が多いことでも知られる（三〇〇冊以上）。代表作は『鋼鉄都市』『ファウンデーション』等々。

**8 グレッグ・イーガン** 一九六一年生まれのオーストラリアのSF作家。最先端の科学理論を駆使したハードな作風で知られる。公的な場所に姿を現さないことでも有名。代表作は『宇宙消失』『ディアスポラ』等。

**9 フィリップ・K・ディック** 一九二八年生まれ、八二年没。アメリカのSF作家。アイデアストーリーのお手本のような短篇と、時にグダグダなプロットに陥ることもあるが迷宮のような魅力に満ちた長篇とを数多く書き上げ、今もカルトな人気を誇る。（死後ではあるが）映像化された作品が多いのも特徴。作中で奥さんに振り回される主人公をよく書くが、本人は五回結婚して離婚しているちょーリア充だったり。代表作は『アンドロイドは電気羊の夢を見るか？』『火星のタイム・スリップ』『高い城の男』等多数。

**10 ブライアン・W・オールディス** 一九二五年生まれ。イギリスのSF作家かつ評論家。六〇年代のニューウェーブSF運動の中核的存在の一人。代表作は『地球の長い午後』『子供の消えた惑星』等。また、SF史をまとめたノンフィクション『十億年の宴』および『一兆年の宴』も有名。

**11 ロバート・A・ハインライン** 一九〇七年生まれ、八八年没。アメリカのSF作家。アシモフ、クラークと並び称されるSF界「ビッグ・スリー」の一人。タカ派な部分と自由主義者の部分を併せ持ち、右派左派双方にファンとアンチがいるという、ある意味でとてもアメリカ人作家らしい人。豪快な冒険SFや社会風刺に満ちた未来史SFを書くかと思えば、宗教や性を大胆に扱ったSFを書くという、振れ幅の広さも特徴。代表作に『宇宙の戦士』『月は無慈悲な夜の女王』『異星の客』等。ちなみに、日本のSFファンが大好きな『夏への扉』は、本国アメリカではそれほど人気が高くなかったりして。

12 **アルフレッド・ベスター** 一九一三年生まれ、八七年没。アメリカのSF作家。オールディスが提唱した「ワイドスクリーン・バロック」SF（時間と空間を股にかけ、ど派手なプロットとギミックに満ちた豪華絢爛な作風のSF）の書き手として有名。寡作なのはラジオドラマやテレビドラマの脚本家、一般誌の編集者、コミック原作者など、他の仕事もたくさんしていたからだとか。代表作に『分解された男』『虎よ、虎よ!』。また、日本で独自に編まれた短篇集『願い星、叶い星』がある。

13 **アン・マキャフリイ** 一九二六年生まれ、二〇一一年没。アメリカ生まれ、アイルランドのSF作家。主人公が強い意志を持つ女性であることが多く、多数の人気シリーズで知られるが、中でも《パーンの竜騎士》シリーズと《歌う船》シリーズが有名。特に《パーンの竜騎士》では女性として初めてヒューゴー賞とネビュラ賞を受賞している。

14 **グレッグ・ベア** 一九五一年生まれ。アメリカのSF作家。同じくSF作家であるポール・アンダースンの娘婿でもある。ナノテクの暴走を扱った『ブラッド・ミュージック』や、火星の独立運動を扱った『火星転移』をはじめ、最新の科学知識を取り入れ、世界の変容を描いたスケールの大きな作品が多いのが特徴。

15 **ウィリアム・ギブスン** 一九四八年生まれ。アメリカ生まれ、カナダ在住のSF作家。八〇年代のサイバーパンクSF運動の牽引者。電脳空間（サイバースペース）という言葉を作った人。『ニューロマンサー』に始まるスプロール三部作、同じくサイバーパンクSFの代表的作家であるブルース・スターリングと合作した歴史改変SF『ディファレンス・エンジン』など、科学技術の発展による文明や人間そのものの変容を描く作風で知られる。

16 **ルーディ・ラッカー** 一九四六年生まれ。アメリカのSF作家であり数学者。高度な数学や物理の理論をふんだんに盛り込みつつも、スチャラカな展開で読者の口をあんぐりさせるユーモア・ハードSFとでもいうべき作風が特徴。専門家として科学解説書も多数執筆している。代表作は『ソフトウェア』に始まるウェア四部作、『時空の支配者』等。

17 **ユビキタス** 英語で「遍在（あらゆる場所にある）」を意味する言葉。IT関連の用語として使われる場合は、ユーザーが予想していない機器にもコンピュータが内蔵されている状態のことで、日本では「どこでもコンピュータ」とも言われる。「ユビキタス社会」とは、人の目に触れないまま、社会があまねく電子制御化されているという環境を指す概念。

18 **大陸弾道列車** 海上を走り、大陸間をつなぐ超高速列車。昔懐かしいアイデア。テレビアニメ『勇者特急マイトガイン』などにも登場してましたね。

19 **パンデミック** 死亡率の高い危険な伝染病が広範囲にわたって流行、世界的な感染拡大が起こった場合を示す用語。現在、世界保健機関がパンデミックの発生を警戒している疾病は、炭疽菌、鳥インフルエンザ、デング熱、インフルエンザ等、一九種類ある。

**20　超コンピュータ**　昔のSFに出てくる超コンピュータといえば、小山のような巨大な代物で、人類に叛乱して世界征服を企んだりするんだけど、今どきのスーパーコンピュータといえば、科学技術用の膨大な計算に特化した超高速計算機。

**21　ヴァーチャル・アイドル**　コンピュータで作られた、実体を持たない非実在アイドル。和製英語。たぶん一九八五年のアニメ『メガゾーン23』に登場する時祭イヴが最初。今一番有名な現役のヴァーチャル・アイドルと言えばもちろん、「みっくみくにしてやんよ」の初音ミク。

## ●こんにゃく芋とブブゼラとミョウバン洞窟の日々［P6-7］

**1　SF大会**　毎年夏にアマチュアのSFファンたちによって運営されるイベント。世界SF協会が主催し、多くの場合アメリカのSFファンによって開かれるのが、ワールドコンこと世界SF大会（開始は一九三九年）。日本SFファングループ連合会議の承認のもと、日本各地のSFファンが交代で開いているのが日本SF大会（開始は一九六二年）。それぞれ参加者の投票によって、その年の最優秀作品を決める賞があり、その授賞式も兼ねている（ワールドコンはヒューゴー賞、日本SF大会は星雲賞）。コミケ、コミコン、アニメエキスポ等々、日米のオタク系アマチュアイベントの始祖でもある。

**2　タイムスリップ／タイムトリップ**　広義ではすべてタイムトラベルだけど、狭義では移動の様態によってスリップとトリップがあるらしい。スリップは偶発事故で、トリップは意図的な時間旅行？

**3　次元波動超弦励起縮退半径跳躍重力波超光速航法**　アニメ『トップをねらえ！』における超光速航法（いわゆるワープ）の正式名称。『宇宙戦艦ヤマト2199』における波動砲の正式名称「次元波動爆縮放射器」も、これには負ける。

**4　超AIが暴走したときの対処法**　電源を三秒押して立ち上げ直すか、セーフモードを試すか、PRAMクリアするか、ジーニアスに電話する（Mac OSに限ります）。

**5　惑星全部が知性のあるコケで覆われている星**　バリントン・J・ベイリー『カエアンの聖衣』より。私（池澤）、相当好きみたいで、この後何回も出てくる。

## ●星の言葉［P8-9］

**1　ダン・シモンズ**　一九四八年生まれ。アメリカのSF／ホラー／ミステリ作家。壮大なスケールの宇宙SFである『ハイペリオン』四部作と『イリアム』二部作、異国情緒溢れる『カーリーの歌』や精神ヴァンパイアともいうべき恐るべき怪人達の跳梁を描いた『殺戮のチェスゲーム』といったホラー、元私立探偵が暴れまくるハードボイルドタッチの《ジョー・クルツ》シリーズと、それぞれのジャンルのお約束をきちんと守りつつ、ファンを唸らせる作品を書くという、マルチな人。実在の人物が登場する歴史物のホラーやミステリも多い。

**2　サミュエル・R・ディレイニー**　一九四二年生まれのアメリカのSF作家。キッチュなスペオペの皮を被った壮大かつ流麗にして難解な作品群や繊細な短篇などで知られる。代表作に『アインシュタイン交点』『バベル-17』『ダールグレン』など。日本で独自に編集された全中短篇集『ドリフトグラス』がある。

**3　ジェイムズ・ティプトリー・ジュニア**　一九一五年生まれ、八七年没。アメリカのSF作家。本名、アリス・ブラッドリー・シェルドン。別ペンネーム、ラクーナ・シェルドン。子供時代は探検家の父、小説家の母と共に世界中を旅し、戦時中は陸軍に勤務して写真解析を行い、五〇年代には招かれて数年間CIAに勤務と、波瀾万丈の前半生を送った。六八年にティプトリー名義で作家デビュー、瞬く間に人気作家となる。骨太な作風に誰もが男性作家と思い込んでいたという。七六年に女性であることが知れ渡り、SF界に衝撃が走った。八七年、認知症が悪化した夫を、以前からの約束通り射殺、自らも頭を撃って自殺、SF界に再び衝撃が走った。代表作を収めた短篇集に『故郷から10000光年』『愛はさだめ、さだめは死』『老いたる霊長類の星への賛歌』などがある。

4 **アーシュラ・K・ル・グィン**　一九二九年生まれ。アメリカのSF／ファンタジー作家。文化人類学の素養を元に、社会科学的な要素が含まれた作風が特徴。人類が銀河系中に版図を広げた遠未来を共通の舞台としたSFと、オリジナリティ溢れる異世界ファンタジーとを、数多く書いている。代表作に『闇の左手』『天のろくろ』『所有せざる人々』《ゲド戦記》シリーズ等。

5 **バリントン・J・ベイリー**　一九三七年生まれ、二〇〇八年没。イギリスのSF作家。壮大かつ奇想天外なプロットを持つ、いわゆる「ワイドスクリーン・バロックSF」の書き手。と書くとかっこいいが、あまりのぶっとんだアイデアに、日本では「バカSF」作家として愛されているふしも。代表作に『時間衝突』『カエアンの聖衣』『禅銃』等。

6 **キャサリン・アサロ**　一九五五年生まれ。アメリカのSF作家。代表作《スコーリア戦史》シリーズは、遠未来を舞台にした絢爛豪華なスペース・オペラだが、ロマンス小説としての側面も強いのが特色。

7 **ヴァーナー・ヴィンジ**　一九四四年生まれ。アメリカの数学者、SF作家。兼業作家なので寡作だが、いわゆる「科学者作家」らしい科学的に正確な「ハードSF」の重要な書き手として有名。小説のみならず、「電脳空間（サイバースペース）」や「技術的特異点（シンギュラリティ）」といった概念の提唱者としても知られている。代表作に『マイクロチップの魔術師』『遠き神々の炎』『最果ての銀河船団』など。

8 **グラント・キャリン**　一九四一年生まれ。アメリカの技術者、SF作家。六三〜八四年のあいだ米空軍で勤務、八六年以降はボーイング社のリサーチ・アナリストとしてNASAの宇宙開発計画に携わった（現在は引退）。兼業のため寡作で、長篇は『サターン・デッドヒート』『サターン・デッドヒート2』の二作のみ。

9 **ロジャー・ゼラズニイ**　一九三七年生まれ、九五年没。アメリカのSF／ファンタジー作家。神話や伝説を借用した絢爛豪華なSFを書くことで知られ、一世を風靡した。若い読者には理解不可能なことかもしれないが、『アンバーの九王子』で本格的なファンタジーを書き始めたとき、一部のSFファンから「ファンタジーに転向した！」と批判を浴びたことも。まあ、そういう時代もあったのです。代表作に『光の王』『地獄のハイウェイ』《真世界アンバー》シリーズなど多数。短篇集『伝道の書に捧げる薔薇』と『キャメロット最後の守護者』もオススメ！

10 **コードウェイナー・スミス**　一九一三年生まれ、六六年没。アメリカのSF作家。遠未来を舞台にした未来史SF《人類補完機構》シリーズで知られる。別名義を多数持ち、SF以外も書いていた覆面作家だったが、その正体は本名をポール・M・A・ラインバーガーという大学教授だった。代表作に、長篇『ノーストリリア』、短篇集『鼠と竜のゲーム』『シェイヨルという名の星』『第81Q戦争』など。

11　**ロイス・マクマスター・ビジョルド**　一九四九年生まれのアメリカのSF／ファンタジー作家。ミリタリーSF《ヴォルコシガン・サガ》シリーズで爆発的な人気を得る。肉体的なハンデなどで社会的弱者となっている者が、自らの才覚で逆境をはね返す物語が多いのが特徴。代表作に『戦士志願』『自由軌道』『影の棲む城』など。

12　**マリオン・ジマー・ブラッドリー**　一九三〇年生まれ、九九年没。アメリカのSF／ファンタジー作家。遠未来、地球から遠く離れた惑星に不時着した人類の興亡を描いた《ダーコーヴァ年代記》シリーズが代表作。また、アーサー王伝説やトロイア戦争を、それぞれ女性主人公の視点から批判的に読み解き直したファンタジー、『アヴァロンの霧』や《ファイアーブランド》三部作なども有名。死後の二〇一四年、少女時代に両親から性的虐待を受けていたと実の娘が告発、大問題となった。

13　**マイクル・ムアコック**　一九三九年生まれ。イギリスのSF作家、編集者。九四年以降はアメリカ在住。六〇年代は雑誌《ニューワールズ》の編集長として、当時のいわゆる「ニュー・ウェーブSF」運動の支柱として活躍、自身もニュー・ウェーブ的な作品を執筆していた。その一方で、数多くのヒロイック・ファンタジーや冒険SFなども書いており、さらにそれらの作品の主人公達（エルリック、コルム、ホークムーン、エレコーゼ、フォン・ベック、ケイン等々）が、実は全て「永遠の戦士」と呼ばれる存在の化身であるとして、自身の作品のほぼ全てを《エターナル・チャンピオン》シリーズという世界観で統一してみせた。ありとあらゆる自作が一つにつながっているというのは、作家が陥りやすいかなり強烈な厨二的妄想だけど、それをここまで見事な形で完成させた人はムアコックくらいかも（あくまでも個人の意見です（堺）。代表作は『この人を見よ』『グローリアーナ』、そしてもちろん、《エターナル・チャンピオン》シリーズ。

14　**イソラ文庫（マンガ註）**　二〇〇九年一〇月早川書房より創刊された文庫レーベル。女性向けに海外ロマンス＆エンターテインメント小説を中心として三五冊（上下巻含む）を刊行したが、現在は休刊。

**●引きこもりSF者の覚醒**［P10-11］

1　**SF大会TOKON10**　正式名称は第49回日本SF大会２０１０ ＴＯＫＯＮ10。二〇一〇年八月七、八日の二日間、東京のタワーホール船堀で開かれた。このとき、いきなり水玉模様かなんかの色鮮やかなゴッグのガンプラを持って池澤さんが現れたときの衝撃を、我々参加者は忘れられません（堺）。

2　**SF十二神**　たぶん、あの方とあの方は入ってる。でも、世界三大スープが諸説あるように、十二人の内訳はそれぞれの心の中に。

3　**阿部毅**　一九五九年愛媛県生まれ。SFマガジン七代目編集長。本書の担当編集者。

4　**パワードスーツ**　ハインラインのSF小説『宇宙の戦士』に登場する装甲強化服の名称。その後、一般名詞として広まった。

5　**加藤直之**　一九五二年生まれ。イラストレーター。SF企画製作会社「スタジオぬえ」設立メンバーの一人にして、現代日本におけるSFイラストの第一人者。東京中、どこへ行くにも自転車で駆け巡るサイクル野郎でもあります。

6　**ライブペインティング**　人前で即興で絵を描くパフォーマンスのこと。SF界では、加藤直之さんがSF大会の会場で近年、何度かやっておられるのが有名。

7　**手作りプラネタリウム**　近年、SF大会でたびたび行われている自主企画の一つ。

8　**シール作ってみんなと交換で**

**きる**　これも近年のSF大会ではすっかりお馴染みになった企画。大会参加者が自分のデザインしたデータを担当者に渡すとシールにしてくれるので、それをお互いに交換しあう。

9 **ネジ巻き式に改造**　SF大会では、背中にでっかいネジをつけたメイドさんたちが闊歩していたりするのですが、この時は池澤さんもその仲間に（笑）。

10 **とっておきのブツ**　ガンプラEXPOに展示するために三日くらい徹夜して製作した、ピンクの水玉ビキニを着たひどいゴッグ。SF大会を拝見した後、その足で会場に持って行った。

11 **ガンプラ**　ガンダムのプラモデル。アニメ作品の『機動戦士ガンダム』をはじめとする「ガンダムシリーズ」において、主に劇中に登場したモビルスーツやモビルアーマー等と呼ばれるロボットや艦船を立体化したプラモデルのこと（wiki調べ）。

## ●アキハバラ・エクスペリメント

[P12-13]

1 **放課後ティータイム**　4コマンガおよびテレビアニメ『けいおん！』に登場する、主人公達が結成したバンドの名前。ただし、このバンド名そのものは顧問が勝手に命名したもの。

2 **はぐれメタル**　ゲーム《ドラゴンクエスト》シリーズに出てくる、逃げ足が速くてめっぽう固くて経験値が膨大なモンスター。数が少ないのは絶対乱獲されてるからだと思う。

3 **フィラデルフィア実験**　都市伝説の一種で、第二次世界大戦中、米軍がフィラデルフィア沖でステルス技術開発の実験を行った際、実験対象だった駆逐艦がステルス化ではなく瞬間移動してしまったというもの。この伝説を元にしたSF映画『フィラデルフィア・エクスペリメント』が一九八四年に公開されている。

4 **永久機関**　外部からのエネルギー供給なしに動き続けることができる装置の総称。今では、エネルギー保存則に反しているため原理的に不可能であることが明らかになっているが、いまだに新発明として特許の出願が後を絶たない（もちろん、どれも実際には稼働しない）。

5 **室温超伝導**　電気抵抗がほぼゼロになる「超伝導」状態は特定の物質を極低温まで冷却したときに起こるものだが、それを室温程度の温度で実現しようというもの。いまだに成功例はない。

6 **タイム・マシン**　過去や未来へ、瞬時に時間を移動することができる機械。一八九五年、H・G・ウエルズが発表したSF小説『タイム・マシン』が語源。ワームホールや宇宙ひもを使って過去に遡行するという科学的なアイデアは存在しているが、今のところ実現できていない。

## ●未来への郷愁　[P14-15]

1 **キャプテン・フューチャー**　エドモンド・ハミルトンが生み出したスペオペ・ヒーロー。本名、カーティス・ニュートン。愛機コメット号に、仲間である三人のフューチャーメンたちと乗り込み、太陽系を股にかけて悪と戦う、天才科学者にして冒険家。一九四〇～五一年にかけて、長篇二〇作、短篇七作が発表された。

2 **《巨人たちの星》シリーズ**　ジェイムズ・P・ホーガンのSF小説シリーズ。『星を継ぐもの』『ガニメデの優しい巨人』『巨人たちの星』『内なる宇宙』Mission to Minerva（未訳）の五作からなる。

3 **『星を継ぐもの』**　ジェイムズ・P・ホーガンの第一長篇で《巨人たちの星》シリーズの第一作。一九七七年作。月で発見された五万年前の人間の遺骸の謎を追う科学者たちが、驚愕の真相にたどり着くまでをスリリングに描いたミステリ風味のSF小説。

4 **《スカイラーク》シリーズ**　E

・E・スミスによるSF小説シリーズ。同作者の《レンズマン》シリーズと並ぶ、スペースオペラの代表的作品と目されている。『宇宙のスカイラーク』『スカイラーク3号』『ヴァレロンのスカイラーク』『スカイラーク対デュケーヌ』の四作からなる。

5 **宇宙コロニー** もしくは「スペースコロニー」。宇宙空間に建造された人工の巨大な居住地。一九六九年、物理学者のジェラード・K・オニールらによって最初に提唱された。シリンダー型、トーラス型など、様々な形状が提案されているが、オニールが提唱したシリンダー型はテレビアニメ『機動戦士ガンダム』に登場したこともあって、非常に有名。

6 **軌道エレベーター** 最近は「宇宙エレベーター」と呼ばれることも多い。惑星や衛星の表面から、静止衛星軌道を越えて伸びるエレベーターのこと。赤道上の静止衛星軌道を周回する人工衛星を重心としてケーブルを地上と宇宙空間双方に伸ばすことで、ケーブル全体が見かけ上静止した状態となるため、通常のエレベーターと同じように利用することができるとされる。ロケットよりも安全で低コストな宇宙との連絡手段ではあるが、建造するにはきわめて強度の高い素材が必要となるため、今のところはまだ理論上の存在である。

7 **骨伝導フォン** 人が話す場合、自分の耳には、空気を伝って鼓膜を振動させることによって聴覚神経に伝わる気導音と、声帯の振動が頭蓋骨を伝わって直接聴覚神経に伝わる骨導音とが合わさって聞こえる。骨伝導フォンは、振動する物体を頭部や顎部に接触させ、この骨導音を使って音を聞くシステムで、このシステムは難聴用の補聴器に利用されたり、耳を解放させて他の音を聞きながら通信することができるため、消防士や兵士といった危険な状況で働く人々の通信用に使われたりしている。

8 **極薄の翼を広げて宇宙空間を飛び回る改変人類** これ、書いた池澤さんが覚えてないだけでなく、いろんな人に聞いてもみんな違う説出してきてさっぱり出典がわからずじまいであります。改変人類が出てくる有名なSFっつうと、ディレイニー、ヴァーリイ、スターリング、レナルズ、ライアニエミあたりだと思うのですが、こういうんじゃなかったような。って、山岸真説だとシモンズの『ハイペリオン』って、ほんとに!?（堺）

9 **R・ダニール・オリヴォー** アイザック・アシモフのロボットものや未来史（ファウンデーション）ものに登場する、人間そっくりのロボット。初期作品の『鋼鉄都市』等では刑事として働いていたが、後期は陰から人類とロボットの発展を見守る重要なキャラとなる。

10 **及川光博** 実は池澤春菜の先輩。とても久しぶりにイベントでお会いした時、ちゃんと覚えてくれて、なおかつ「あの当時は将来どうなることかと思ってたけど、ちゃんと大人になれてよかったねぇ（大意）」と喜んでくれた、すごくすごくいい先輩。

11 **小松崎茂** 一九一五年生まれ、二〇〇一年没。東京出身の画家。戦前から戦中にかけては戦記もの、戦後、特に一九五〇～六〇年代は絵物語の挿絵や空想科学イラストで人気を博した。また六〇～七〇年代、プラモデルが普及しだした時期には、その箱絵の描き手として作画依頼が殺到した。

12 **ヘキシーズ** グラント・キャリン『サターン・デッドヒート』に出てくる六角形大好き宇宙人。

13 **ミラーグラス** グラスがマジックミラーになっているサングラス。一九八〇年代のサイバーパンク全盛期のSF小説において、登場人物がこれをかけているという描写がままあり、サイバーパンクの象徴の一つとなっていた。

**14　ミクロ決死隊**　SF映画『ミクロの決死圏』からスピンオフしたテレビアニメ版……なんだけど、設定が大幅に違っていて、登場人物も全然違うという不思議な作品。全一七話しかない。物質をミクロ化する技術を利用して諜報活動を行う四人の工作員の活躍を描く。映画版だと一時間しかなかった縮小時間が一二時間に延長されているところがミソ。

**15　ナノセイバー**　一九九七年に放送されたテレビアニメ『救命戦士ナノセイバー』のこと。『恐竜惑星』（一九九三年）、『ジーンダイバー』（一九九四年）と合わせて「バーチャル三部作」と呼ばれている。ナノマシン技術とバーチャルリアリティ技術を組み合わせて、人体内からの治療を行うナノセイバーたちの活躍を描いている。

**16　世界の中心で愛を叫んだけもの**　ハーラン・エリスンの短篇SFのタイトル。テレビアニメ『新世紀エヴァンゲリオン』最終話のサブタイトル「世界の中心でアイを叫んだけもの」の元ネタでもある。

**17　アンドロイドも電気羊の夢を見ていない**　元ネタはフィリップ・K・ディックのSF小説『アンドロイドは電気羊の夢を見るか?』。映画『ブレードランナー』の原作としても有名。

**18　犬は勘定に入るけれど**　元ネタはコニー・ウィリスのSF小説『犬は勘定に入れません』。

**19　猫は夏への扉をいまだ発見できず**　元ネタはハインラインのSF小説『夏への扉』。同題の山下達郎の歌も、もちろんこの小説を下敷きにしている。

**●SFっぽくてSFっぽくない、少しSFなアンソロジー希望** [P16-17]

**1　アンソロジーブームの予兆**　二〇一五年のアンソロジーもなかなか好調。東京創元社の年刊SF傑作選『折り紙衛星の伝説』、河出書房新社の『NOVA+屍者たちの帝国』、早川書房だと『伊藤計劃トリビュート』、すこしひねったところで『多々良島ふたたび　ウルトラ怪獣アンソロジー』など。

**●TRPGをやってきた、ヤァ!ヤァ!ヤァ!** [P18-19]

**1　TRPG**　テーブルトークロールプレイングゲームの略称。コンピュータやゲーム専用機などを使わず、主に紙と鉛筆と各種サイコロを使って、専用ルールに従い、人間同士の会話によって進めるゲーム。ゲームマスターと数人のプレーヤーとで行い、ゲームマスターが（コンピュータの代わりに）ゲームの進行を司り、プレーヤーたちはそれぞれ架空のキャラクターに扮して冒険を行う。元々はこちらの形式が先に生まれ、コンピュータの発達に合わせてコンピュータRPGが生まれた。ちなみにTRPGは日本で作られた和製英語らしい。

**2　冒険企画局**　一九八七年に発足、TRPGやボードゲームの制作、ゲーム攻略本やアニメムックといった書籍の編集・執筆などを行っているクリエイター集団。

**3　ねりけしおーるどわんずの雪狼**　ねりけしでラヴクラフトな旧神を作られる素敵な手をお持ちの実務翻訳屋さん。池澤と一緒に京都までふたり旅して、美味しいお肉を食べ、お化けを見た。

**4　リアルラック値**　ゲームにおける、プレーヤー本人が持つ運のこと。現実世界での運。とはいえ、日常生活においては運が無いけれど、ゲームをするときだけ異常なリアルラック値を誇る人もいるので、リアルラック値＝リアル幸せ値ではない。

**5　物欲センサー**　ユーザーがレア率の高いゲーム内アイテムを欲しいと思う気持ちを読み取る、超高性能なセンサー。不必要なときにはころころ出て、必要になるとぱったり出なくなり、いざ出た時にはもう用済み。阿鼻叫喚。

6 **特級祁門紅茶** ダージリン、ウヴァと並ぶ世界三大紅茶。安徽省祁門県が産地。祁門香と呼ばれるその香りは蘭とも、薔薇とも。長く続く余韻はまさに紅茶の王子様。

7 **サイモン・ライト** エドモンド・ハミルトンのスペースオペラ、《キャプテン・フューチャー》シリーズに登場するキャラクター。主人公を補佐するフューチャーメンの一人で、培養液入りの箱に入った脳だけの存在となって生き続けている老科学者。別名「生きている脳」。イギリスのドラマーではない。

8 **イイク** エドモンド・ハミルトンのスペースオペラ、《キャプテン・フューチャー》シリーズに登場するキャラクター。フューチャーメンの一人であるロボット、グラッグが飼っているペット。月の生物、ムーン・ドッグの幼体。

9 **『タフの方舟』** ジョージ・R・R・マーティンの連作宇宙SF。狷介な宇宙商人ハヴィランド・タフが、行く先々の惑星であくどい商売を、もとい、問題を解決していくという、宇宙版『笑ゥせぇるすまん』。どーん!(とは言いません)。

10 **『地球の長い午後』** ブライアン・W・オールディスの遠未来SF。遥かな未来、異形の世界と化した地球で、文明崩壊ののち、細々と暮らす人類の姿を描いた、SFならではの傑作。アミガサタケこわい。

11 **『窒素固定世界』** ハル・クレメントの遠未来SF。窒素の酸化が進み、大気中の酸素がほとんど消費されてしまった未来の地球を舞台にした、科学的な設定がしっかりしたクレメントらしいハードSF。

12 **《銀河おさわがせ》シリーズ** ロバート・アスプリンのユーモア・ミリタリーSF。大金持ちのぼんぼんが、有能な執事と問題児ぞろいの部下たちを引き連れて、次々に難題を解決していく痛快なシリーズ。宇宙版『富豪刑事』(かもしれない)。

**●SFはもえているか** [P20-21]

1 **猫型ロボットの生みの親** それってつまり、『ドラえもん』の作者、藤子・F・不二雄先生のことですよね。

2 **シオドア・スタージョン** 一九一八年生まれ、八五年没のアメリカのSF作家。幻想的な作風で知られる。「SFの九割はクズである。ただし、あらゆるものの九割はクズである」という、いわゆる「スタージョンの法則」を言ったということでも有名。代表作は『夢みる宝石』『人間以上』等。また、日本で独自に編まれた短篇集に『不思議のひと触れ』等がある。

3 **どのくらいドツボかというと、この前の行を書いてから二時間、ゲームの上海に時間を費やしてしまったくらい** これを書いている二〇一五年末、私の時間泥棒はキャンディークラッシュソーダと、アナと雪の女王フリーフォールです。

**●風まかせ、ぶらりSFの旅** [P22-23]

1 **ワンフェス** 正式名称は「ワンダーフェスティバル」。一九八四年から開催されているガレージキット・イベント。八四年から九二年冬まではゼネラルプロダクツ、九二年夏からは海洋堂が主催しており、今では同種のイベントとしては世界最大のものとなっている。

2 **きれいなジャイアン** あなたが落としたのは、この汚いジャイアンですか? それとも、きれいなジャイアンですか?(漫画『ドラえもん』36巻収録の「きこりの泉」より)

3 **鰻の匂いでご飯が食べられる** 落語の演目「始末の極意」または「しわい屋」より。うなぎの匂いでご飯を食べることを責められたら、お金の音を聞かせてやればいいんです（現代においてはチャリンチャリンじゃ済まないけど）。

4 **海洋堂**　各種模型を製作・販売している会社。ガレージキット、フィギュア、食玩など、多種多様かつ精巧な造形物を作ることで世界的に有名。

5 **轟天号**　東宝の特撮映画『海底軍艦』に登場する超兵器。海や空はもちろん地底をも移動可能な万能戦艦。その後、映画『惑星大戦争』『ゴジラ　FINAL WARS』『劇場版超星艦隊セイザーX　戦え！星の戦士たち』、OVA『新海底軍艦』にも同じ名称の超兵器が登場した。艦首の巨大ドリルが目印。

6 **着ぐるまー**　アニメのキャラクターのような、デフォルメされた面を愛用している人のこと。ドーラー、着ぐる民、など。中身はほぼ男性との噂。

7 **テコンV**　一九七六年に韓国で製作された劇場用アニメ。韓国初の巨大ロボットアニメである。テコンドーの達人が操縦、テコンドーを使うロボだからテコンV。プロレス、空手、サンボ、カポエラなどを使うロボットたちと異種格闘技戦を繰り広げたり……はしない。

8 **ソフビ怪獣**　ソフトビニール。塩化ビニルモノマーを金型に流し込んで加熱することで作られた怪獣の玩具。独特のエッジのゆるさと、ファンシーな色彩が魅力。

9 **ミニチュアペイント**　ミニチュアゲームに使用するための、金属やプラスチック、レジンでできた駒に塗装を施すこと。

10 **シミュレーションゲーム**　現実の状況を仮想的に行ってみせるゲームのこと。ボードゲームとコンピュータゲームの両方が存在、戦争から経営、さらにはアイドル育成まで、すべてシミュレーションゲームの題材となっている。

11 **サイバトロンとメガトロン**　オモチャ、アニメ、映画等、マルチに展開するロボットSF『トランスフォーマー』に登場するロボット生命体たちは、正義と悪の二派に分かれて戦い続けている。その正義の陣営をサイバトロン（英語版ではオートボット）、悪の陣営をデストロン（英語版ではディセプティコン）と呼ぶ。サイバトロンのリーダーはコンボイ（英語版ではオプティマスプライム）、デストロンのリーダーがメガトロン（こちらは英語版も同じ名前）である。ああ、ややこしい。

12 **スペースマリーン**　前述のミニチュアゲームの名作『ウォーハンマー』のシナリオの一つ。宇宙で活躍する海兵隊。宇宙なのになんで海兵隊なのか不思議だけど、ハーロックが「宇宙の海は　おれの海」って言ってるからいいんだと思う。

13 **レッドショルダー**　テレビアニメ『装甲騎兵ボトムズ』に登場する、ギルガメス軍という架空の国家の軍隊に所属する架空の部隊。むせる。

14 **スコープドッグ**　テレビアニメ『装甲騎兵ボトムズ』に登場する二足歩行メカ、AT（アーマードトルーパー）の一機種。形式番号：ATM-09-ST。三個目玉のニクいヤツ。

15 **ザク**　テレビアニメ『機動戦士ガンダム』に登場する巨大二足歩行メカ、モビルスーツの一機種。型式番号：MS-06。一つ目玉のニクいヤツ。

16 **うちの模型棚に飾ってあります**　まだいます。

17 **隠蔽力**　模型塗装用語、下地の色を覆い隠す着色力の度合。余った塗料を瓶に溜めて、オリジナルの下地作ったりするよね？

18 **ドライブラシ**　筆に着いた塗料をティッシュなどで拭き取り、かさかさした筆先をこするように塗る方法。主にウェザリング（後述）に使われる。

19 **シタデルカラー**　イギリスのゲーム製作会社ゲームズワークショップが販売するホビー用塗料の名称。

20 **ウェザリング**　模型において、

風雨にさらされた実物の外観を模した「汚れ」「風化」などの表現を加えるための塗装技法。

21 **プラナリアとアノマロカリス** プラナリアは扁形動物門ウズムシ綱ウズムシ目ウズムシ亜目に属する動物。切っても切っても再生する驚異の生き物。アノマロカリスは古生代カンブリア紀の海に棲息していた捕食性動物。カンブリア紀における海の王者だったらしい。プラナリアとアノマロカリスの共通点は、形状が平べったいところだけで、猫と虎くらいの差がある気がする。

## ●ライトノベルの魔境［P24-25］

1 **MAG・ネット** 二〇一〇年から一三年までNHKで放送されていたサブカル系情報番組。

2 **『マルドゥック・スクランブル』** 冲方丁の代表作である未来アクションSFシリーズの第一作。

3 **冲方丁** 一九七七年生まれの小説家、脚本家。九六年、『黒い季節』でスニーカー大賞金賞を受賞してデビュー。以降、ライトノベルからSF、さらには歴史小説へと執筆ジャンルを広げ、漫画原作やアニメの脚本なども手がけるなど、幅広く活躍している。代表作に『マルドゥック・スクランブル』『天地明察』『光圀伝』等。

4 **大森望** 一九六一年、高知県生まれの土佐っぽ。翻訳家、批評家、二〇一〇年代は熱烈なアイドルおたくでもあり。京都大学SF研究会出身（学部は確か文学部）。博覧強記。日本SF界が世界に誇る「ワルモノ」。けっこう親バカ。あと何だっけ？

5 **塩澤快浩** 一九六八年長野県生まれ。SFマガジン八代目一〇代目編集長。すぐれた編集手腕で、SF冬の時代を終結させた男と呼ばれている。

6 **ヴェロシティと天地明察** SFアクション《マルドゥック》シリーズの第二作『マルドゥック・ヴェロシティ』と時代小説『天地明察』のこと。いずれも冲方丁作。

7 **クトゥルー** H・P・ラヴクラフトのホラー小説に出てくる邪神の名前。また、ラヴクラフトが作り上げた架空の神話体系を「クトゥルー神話」と呼ぶ。日本語表記は他にクトゥルフ、ク・リトル・リトルなど複数あるが、元々、本来人間には発音不可能な音に無理矢理英語をあてはめてCthulhuと記したという設定がある。

8 **ウフコック** 冲方丁作の《マルドゥック》シリーズに登場する、知能を持つ金色の万能兵器。通常は小さなネズミの姿をしている。

9 **ボイルド** 《マルドゥック》シリーズに登場するキャラ。かつてのウフコックのパートナー。

10 **バロット** 《マルドゥック》シリーズの主人公の少女。娼婦だったが、とある成り行きで、ウフコックとコンビを組んで活躍することとなる。

11 **伝奇小説と伝奇ロマンの違いを定義せよ** 失われた大陸とか知られざる陰謀とかトンデモ系の謎をミステリ的に解明してゆくのが伝奇小説で、解明の過程に活劇と色恋沙汰が大きく絡むと伝奇ロマンになる。はず。

12 **ジャロ** 公益社団法人日本広告審査機構。ジャロってなんじゃろ、とCMまでしてた割には、正式名称Japan Advertising Review Organizationを知っている人は少ない。

## ●恋のときめきも愛の激しさも、みんなSFが教えてくれた［P26-27］

1 **ハーレクイン** フランス語で道化師を意味するアルルカンの英語読み。転じて、女性向けロマンス小説専門の出版社の名称＝ハーレクイン・エンタープライズ。ちなみに現在はニューズ・コーポレーション社に買収され、傘下のハーパーコリンズの一部門となっている。

2 **誰のところを回ってるのかな**

ぁ　帰ってきました!!

**3　ヒーローが宇宙人だったお話があったとの噂あり**　ニーナ・ブルーンス『異星のプリンス』、入手して読みました。ヒーローが宇宙人だろうが地底人だろうがヨグ＝ソトースだろうが、テンプレート通りのロマンスに仕上げるハーレクイン先輩パないっす。

**4　サラ・A・ホイト**　一九六二年ポルトガル生まれ、アメリカ在住の作家。SF、ファンタジー、ミステリ、歴史ロマンスなど、さまざまなジャンルの小説を書いている。翻訳は『闇の船』のみ。

**5　ツンデレ**　敵対的な態度（ツンツン）と過度に好意的な態度（デレデレ）の両面を持つ様子。語源とされるキャラクター、『秋桜の空に』の佐久間晴姫の声優は、なんと池澤春菜。

**6　タニス・リー**　一九四七年生まれ、二〇一五年没のイギリスのファンタジー作家。耽美的なファンタジー連作《平たい地球》シリーズをはじめ、SFやホラーなど幅広く執筆、著作は一〇〇冊近い。代表作は『月と太陽の魔道師』《平たい地球》シリーズの『死の王』等。

**7　『銀色の恋人』**　タニス・リー作のSF。少女と人間そっくりのアンドロイドとのはかない恋を描く。続篇『銀色の愛ふたたび』がある。

**●蔵書整理という名の死亡遊戯**
[P28-29]

**1　ブクログ**　ネット上にあるブックレビューサイト。URLは http://booklog.jp/

**2　『黒龍とお茶を』**　R・A・マカヴォイ作の現代ファンタジー小説。サンフランシスコを舞台に、とある女性と老紳士の姿をした太古の龍との交流をミステリ仕立てで描いた作品。

**3　『黒蜥蜴』**　江戸川乱歩作の推理小説。女性怪盗黒蜥蜴と名探偵明智小五郎の対決を描いている。何度も舞台化、映像化されており、中でも三島由紀夫による戯曲化が有名。

**4　『黒後家蜘蛛の会』**　アイザック・アシモフ作の連作短篇ミステリ。様々な専門家の集まりである黒後家蜘蛛の会と呼ばれる団体の会食に、毎回謎が持ち込まれ、メンバー達がそれぞれ推理を披露するのだが、最後は常に給仕のヘンリーがその謎を解き明かすというスタイルの、安楽椅子探偵もの。

**5　『黒い獣』**　ナンシー・スプリンガー作の、ケルト神話を題材にした異世界ファンタジー・シリーズ《アイルの書》第四部。ちなみに他の巻は、第一部『白い鹿』、第二部『銀の陽』、第三部『闇の月』、第五部『金の鳥』。

**6　『黎明の王　白昼の女王』**　イアン・マクドナルド作のファンタジー。現実世界と異世界とを舞台に、とある一族の女性たちと異形の妖精たちとの戦いを数世代にわたって描いている。なんと最終的には近未来が舞台となってSF味も加わるあたりもおもしろい。

**7　『ピー・アイ・マン』／『世界のもうひとつの顔』**　アルフレッド・ベスターの短篇集。新版になってタイトルが改題されたが、どちらも中身は同じ本です。

**8　若人あきら**　我修院達也のこと。

**9　我修院達也**　若人あきらのこと。

**10　ジョーン・D・ヴィンジ**　一九四八年生まれのアメリカのSF作家。同じSF作家であるヴァーナー・ヴィンジの元奥さん。代表作は『雪の女王』『サイオン』等。また、映画のノベライズも多数手がけている。

**11　『雪の女王』**　元々は有名なアンデルセン童話の一つ。ただし、ここで言及されているのはジョーン・D・ヴィンジ作の遠未来SF。ブラックホール近傍の太陽系にあるティアマットと呼ばれる惑星を舞台に、アンデルセンの童話をSF的に再話したもの。続篇に『世界の果て』The Summer Queen、Tangled Up In

Blueがある。

**12『スキズマトリックス』** ブルース・スターリング作のSF小説。近未来の太陽系を舞台に、人類の進化と拡散を描いた宇宙SF。スターリングが書き継いできた短篇群と共に《機械主義者／工作者》シリーズと呼ばれる未来史を構成する作品であり、サイバーパンクSFの代表的作品の一つでもある。

**13『ミラーシェード』** ブルース・スターリングが編集、ウィリアム・ギブスン、グレッグ・ベア、ルーディ・ラッカーらの短篇を集めたサイバーパンクSFアンソロジー。

**14 トールサイズ** ハヤカワ文庫オリジナルの文庫サイズ。通常の文庫サイズより五ミリばかり天地が長い。読みやすさを考慮して字を大きくしたぶん、ページ数があまり増えないようにするためのサイズアップなのだが、あまりいい評判を聞かないのはなぜ？

**15 六五〇冊** ピーピーガガウィンウィン……プツン……ジャーン、なにか御用ですか（何もかも忘れた晴れ晴れとした目で）。

**16 池澤春菜大地に立つ** アムロが操縦しているわけじゃない＝中の人などいない（たぶん）。

**●楽園ハワイに島流し** ［P30-31］

**1 パオロ・バチガルピ** 一九七二年生まれのアメリカのSF作家。現代の世界が抱える問題の延長線上にある昏い近未来を描き、各種の賞を総なめにしている、今もっとも注目されている作家の一人。代表作に『ねじまき少女』『神の水』、短篇集『第六ポンプ』等。もちろん、鉢かぶりでも倍カルビでもない。

**2『ねじまき少女』** パオロ・バチガルピの第一長篇。疫病の蔓延、エネルギー資源の減少などを、遺伝子改造した動植物や進歩したローテク技術によってなんとかしのいでいる近未来。タイを舞台に様々な人々が暗闘を繰り広げる。もちろん、タイトルのねじまき少女も登場します。

**3 バウチャー** 引換券、割引券、金券、クーポン券のこと。

**4 ハル・クレメント** 一九二二年生まれ、二〇〇三年没のアメリカのSF作家。天文学の学士号、教育学と化学の修士号を持つ。その作風は、緻密で論理的に生態系や異星人を設定するというもので、科学的な可能性を追求してみせる、いわゆる「ハードSF」の先駆者の一人であった。代表作に『重力の使命』『20億の針』など。

**5 針シリーズ** ハル・クレメントの代表作の一つ。『20億の針』と『一千億の針』の二作からなる。宇宙から犯罪者を追ってやってきた寄生生命体の探偵が、寄生した人間と友情を結ぶというもので、後の数々の作品（『ウルトラマン』『ヒドゥン』『寄生獣』など）の原型となった作品である。

**6 ポール・プロイス** 一九四二年生まれのアメリカのSF作家。八〇年代に活躍したハードSF作家で、代表作は『天国への門』『破局のシンメトリー』など。

**7『破局のシンメトリー』** ポール・プロイスの近未来SF。世界最大の粒子加速器とそれが発見した新粒子とを巡る陰謀劇を描く。一九八三年にすでに粒子加速器を扱った先見性の高いハードSF。

**8 リロ&スティッチ** 二〇〇二年に公開されたディズニーのアニメ映画。ハワイが舞台。ディズニーの長篇アニメとしては珍しくSFだけど、リロとスティッチがどうにも怖くて見ていない。どっちかって言うとクトゥルーの方だと思う。

**9 甥っ子** 無事、受験をパスして小学校に入学。大変生意気盛りではあるが、幸いなことに私は「はーちゃんは、ゲームがすごい。はーちゃんは、いろんなことに大人気なくすごい」との認識で、彼の中ではヒーローである。

## ●春菜の呼び声［P32-33］

**1　世界線**　もしくは時間線とも。いろんな並行宇宙のうちの、一つの世界の歴史の流れを、一本の線にたとえて、こう呼ぶ。

**2　友野詳**　一九六四年生まれ。ゲームデザイナー、SF／ファンタジー作家。代表作に《ルナル・サーガ》シリーズ、《妖魔夜行》シリーズなど。高笑いと共に登場するというキャラづけの人。リアルではやってないですよね？

**3　職人江戸門弾鉄**　無実の罪で投獄されたエドモン・ダンテスが復讐鬼となってもどってくるのがデュマ『モンテ・クリスト伯』で、学園紛争をぶっ潰す凄腕校長として江戸門団鉄がやってくるのが永井豪『ガクエン退屈男』だが、この日は職人となって化物の只中にやってきてしまった。

**4　ハンニバル・ヘクター**　言わずと知れた今一番有名な（架空の）連続殺人鬼、ハンニバル・レクターが元ネタ。元ネタの方はトマス・ハリスのミステリ、『レッド・ドラゴン』『羊たちの沈黙』『ハンニバル』『ハンニバル・ライジング』に登場する、人間の内臓が好物の天才精神科医（ついたあだ名が「人食いハンニバル」）。

**5　森瀬繚**　日本のフリー編集者、ライター、脚本家、作家。めちゃくちゃ博識な人。特に神話、伝説、オカルト、ホラー小説などに造詣が深く、何を聞いても即答してくれる。それも、聞いたことの一〇倍くらいの知識を。

**6　ロビン・トレンブリー**　雪狼さんが留学してたときのステイ先のお母さんのお名前だとか。まさか、今になって謎の白いフサフサやら、謎の黒いねばねばに対峙する日が来ようとは。

**7　『這いよれ！ニャル子さん』**　逢空万太作のライトノベル（全一二巻）。マンガ化やアニメ化もされた。基本は、突然空から美少女が降ってくる典型的な「落ちもの」ラノベなんだけど、H・P・ラヴクラフトのコズミック・ホラー「クトゥルー神話」をベースにしたパロディになってるので、やたら怖い。なんせヒロインの正体はクトゥルー神話でもとびきり不気味な「無貌の神」ニャルラトホテプ。もっとも、本作ではわりと物理的に怖い。てか「名状しがたいバールのようなもの」怖い。

**8　逢空万太**　一九八一年生まれのライトノベル作家。代表作はデビュー作でもある『這いよれ！ニャル子さん』。

**9　帆掛舟**　ｃｏｃｏ作の4コママンガ『今日の早川さん』の登場人物の一人。ホラー小説好きの女性……のはずだけど、時々人間離れした言動を見せる怪しい人。名前（ほかけふね）の元ネタは、昔、創元推理文庫の伝奇・ファンタジー小説カテゴリーについていたシンボルマーク（古代帆船＝帆掛け船）。

**10　ダウンバースト**　地面に衝突した際、四方に広がって災害を引き起こすほどの強い突風となる下降気流。

**11　謎の白いフサフサ**　ミ＝ゴ。雪男的な何か。

**12　謎の黒いねばねば**　ツァトゥグァの不定形の落とし子。ツァトゥグァはひき蛙的な何か。

**13　SAN値**　『クトゥルフの呼び声』というTRPGで使われる、正気度を示すパラメータ。Sanityが語源。

**14　マーシュ家**　ラヴクラフトの「クトゥルー神話」作品にたびたび登場する架空の田舎町「インスマス」に住む富豪一族。実は、代々、邪神たちを崇拝する秘密結社の司祭を務める邪教徒の家系。

**15　ぼえ〜**　『ドラえもん』の登場人物ジャイアンの歌声。ちなみに、ボエ（Boë）はギニアビサウの南東部に位置する町。

**16　アーカム**　H・P・ラヴクラフトの小説にたびたび登場する架空の街。マサチューセッツ州にあることになっている。モデルとなっているのは、マサチューセッツに実際にあるセイレムという、一七世紀に魔女裁判が行われたことで有名な小都市で、アーカムも同様に魔女裁判が行われたことになっている。

17 **ダニッチ**　同じく、H・P・ラヴクラフトの小説に登場する架空の村。やはり、マサチューセッツにあるとされる。インスマス同様、村人はみんな怪しいと思ってたら、だいたいまちがいない。

**●ケケケケハレケケハレケハレケケケケハレケ↑イマココ** [P34-35]

1 **バーチャルボーイ**　任天堂が一九九五年に発売した3Dゲーム機。

2 **PCエンジンLT**　日本電気ホームエレクトロニクス（NECホームエレクトロニクス）が一九九一年に発売した家庭用ゲーム機。「LT」は「Laptop」の略称。

3 **ガジェットSF**　ガジェット、魅力的なSF的小道具（Ex. 軌道エレベータ、熟考帽、禅銃、どこでもドアなど）が出てくるSF作品のこと。

4 **ハアイ、マイケル**　アメリカの特撮テレビドラマ『ナイトライダー』に出てくる、車に搭載された人工知能K.I.T.T.の台詞。記憶容量は50GB、キャッシュメモリは128MB。

5 **光学迷彩**　視覚的にある物体を見えなくする（透明にする）技術。つまり、いわゆる「隠れ蓑」とか「透明マント」を科学的に作り出そうというもの。昔からSFではお馴染みのガジェットで、フィリップ・K・ディックの小説に登場する「スクランブル・スーツ」とか、『スター・トレック』の遮蔽装置（クローキング・デバイス）とかが有名。光学迷彩という呼称を一躍有名にしたのは、士郎正宗のマンガ『攻殻機動隊』。

6 **超音波カッター**　超音波の振動を刃に伝えて切断する、本多電子株式会社製の工具。毎秒四万回の高速振動!!　二ミリ厚のプラバンがバターのようにするする切れる。

7 **ミノフスキー粒子の柱**　テレビアニメ『機動戦士ガンダム』に登場する架空の粒子。ミノフスキー粒子は、元々の設定では電磁波を攪乱してレーダーや誘導兵器を用いた電子戦を無効化するものだったが、さらに後付けで、巨大かつ不格好で航空力学的に大気圏内で飛行可能には見えない宇宙戦艦が、地球上を飛行していることの理由としても用いられることとなった。それが、ミノフスキー・クラフトで、要は『ガンダム』に登場する宇宙戦艦は地球上では大量に散布したミノフスキー粒子の柱の上に乗る形で、空中に浮いている、という設定となっている。

8 **大きな白い強襲揚陸艦**　テレビアニメ『機動戦士ガンダム』に登場する地球連邦軍の宇宙戦艦、ペガサス級強襲揚陸艦二番艦「ホワイトベース」のこと。主役メカであるガンダム他のモビルスーツ数体と主人公たちを乗せて活躍する。

9 **デンジ推進システム**　テレビドラマ『電子戦隊デンジマン』に登場する架空の推進装置。とりあえず三角形っぽい機体なら何でも飛ばせられるんじゃないかという説を、マンガ家の長谷川裕一は唱えている。詳しくは、長谷川氏の著書『すごい科学で守ります!』を参照のこと。目から鱗がボロボロ落ちます。

**●嵐の船出!!　第50回日本SF大会ドンブラコンL** [P36-39]

1 **ドンブラコンL**　第五〇回日本SF大会のこと。二〇一一年九月三～四日、静岡県コンベンションアーツセンター「グランシップ」にて開催された。

2 **暗黒星雲賞**　一九九一年から暗黒星雲賞実行委員会というサークルが日本SF大会内で行っている自主企画。正式なものではなく、あくまでも星雲賞のパロディとなっていて、大会参加者による投票で決められる。その対象は「賞を与えたくなったもの」ならなんでもよく、良いものもあれば悪いものもあるといった、玉石混淆のお遊び企画。てか、受賞しちゃったんだ、池澤さん（笑）。

3　**コン・バトラーV**　テレビアニメ『超電磁ロボ　コン・バトラーV』の主役ロボ。五台のメカが合体して巨大ロボとなる。身長五七メートル、体重五五〇トン、巨体が唸って空を飛ぶ。

4　**連邦の白い悪魔**　テレビアニメ『機動戦士ガンダム』の主人公、アムロ・レイが操縦するモビルスーツ、ガンダムのこと。そのあまりの戦績のため、ジオン公国側の軍人たちがつけたあだ名。ライバルのシャアが「赤い彗星」で主人公が「白い悪魔」じゃ、どっちが良い人かさっぱりわかりませんな。

5　**星雲賞**　毎年、日本SF大会の参加者たちの投票によって決められるSFの賞。一九七〇年開始。名前の由来は、日本最初のSF雑誌だと言われる『星雲』から。

6　**小さなお茶会**　日本SF大会で毎年行われている自主企画。少人数でゲストとお茶を飲みながらおしゃべりすることができる。

7　**萩尾望都**　一九四九年生まれのマンガ家。言わずと知れた「少女マンガの神様」。竹宮恵子・大島弓子らとともに「花の24年組」と呼ばれている。代表作に『ポーの一族』『11人いる！』など多数。SFからファンタジー、ミステリ、ラブコメまで、作風は幅広いが、SFファンにとってはやはり『11人いる！』『スター・レッド』『銀の三角』『バルバラ異界』などの本格SF作品が記憶に残る。

8　**笹本祐一**　一九六三年生まれのSF作家。本人いわく「現役最古のラノベ作家」。代表作に『妖精作戦』『ARIEL』『ミニスカ宇宙海賊《パイレーツ》』など。また、大のロケット好きで、打ち上げ取材をまとめたノンフィクション《宇宙へのパスポート》シリーズも執筆している。

9　**『時の地図』**　フェリクス・J・パルマ作のSF小説。H・G・ウエルズの『タイム・マシン』を物語に絡めた時間SF。ちなみに、続篇の『宙《そら》の地図』は、同じくウエルズの『宇宙戦争』と絡んだ物語になっている。

10　**JAXA**　宇宙航空研究開発機構の英語略称。「ジャクサ」と発音する。内閣府・総務省・文部科学省・経済産業省が共同して所管する国立研究開発法人。二〇〇三年、文部科学省宇宙科学研究所（ISAS）、独立行政法人航空宇宙技術研究所（NAL）、特殊法人宇宙開発事業団（NASDA）の三つの機関が統合されて発足した。

11　**『ケロロ軍曹』／桃華**　『ケロロ軍曹』は、吉崎観音による漫画、およびそれを原作としたアニメ。登場人物の一人である西澤桃華は、タママのパートナーであり、総資産額が国家予算に匹敵する資産家の娘。二重人格であり、裏桃華になると戦闘力、粗暴さ、ともに格段にアップする。

12　**翻訳家パネル**　ドンブラコンLで行われた企画。「ベテラン翻訳家に聞きたいあれこれ」と題し、翻訳家と編集者が集まって翻訳家の仕事や生活についてのあれこれを話し合ったとか。

13　**ティーブレンダー熊崎俊太郎**　フィーユ・ブルー、アメージングティーのブレンダーにしてティーコーディネーター、日本紅茶協会認定ティーインストラクター。SFにもご縁が深く、『銀河英雄伝説』に出てくる紅茶の監修をされたことも。私の紅茶の師匠でもあります。

14　**アメージングカフェ**　熊崎さん率いる紅茶遊撃隊とも言える出張カフェ。

15　**フライング土下座**　土下座の進化系。一度ジャンプしてから、華麗に土下座を決める。ジャンピング土下座とも。バリエーションとして、スライディング土下座、焼き土下座など、さまざまなエクストリーム土下座がある。

16 **うなぎパイＶＳＯＰ**　夜のお菓子うなぎパイの上位種、真夜中のお菓子うなぎパイＶＳＯＰ。ブランデーの香りと、マカダミアナッツの歯ごたえ、うなぎパイの約二・四倍の値段、確実に王者の食べ物。

17 **でも次回は夕張……北海道かぁ**　行けませんでした。その次の広島も。つくばには行けたけれど、米子は行けませんでした。次の三重も、遠いなぁ……

**●春菜白牡丹、碧螺春にて廬山雲霧を撃破!!** [P40-41]

1 **オナー・ハリントン**　デイヴィッド・ウェーバーの《紅の勇者オナー・ハリントン》シリーズの主人公。美女。

2 **クリス・ロングナイフ**　マイク・シェパードの《海軍士官クリス・ロングナイフ》シリーズの主人公。美女。王女様。

3 **ニミュエ・アルバン**　デイヴィッド・ウェーバーの《セーフホールド戦史》シリーズの主人公。たしか美女。

4 **ニコラス・シーフォート**　デイヴィッド・ファインタックの《銀河の荒鷲シーフォート》シリーズの主人公。マジメな堅物。

5 **マイルズ・ヴォルコシガン**　ロイス・マクマスター・ビジョルドの《ヴォルコシガン・サガ》の主人公。おちびさん。

6 **ウィラード・フール**　ロバート・アスプリンの《銀河おさわがせ》シリーズの主人公。お金持ち。

7 **エンダー・ウィッギン**　オースン・スコット・カードの《エンダー》シリーズの主人公。悩める天才。

8 **軍事ＳＦ**　もしくはミリタリーＳＦ。未来を舞台に、主人公の職業軍人が活躍するような話。代表的な作品にロバート・Ａ・ハインラインの『宇宙の戦士』やジョー・ホールドマンの『終りなき戦い』などがある。

9 **サイバーパンク**　一九八〇年代にウィリアム・ギブスン、ブルース・スターリングらが提唱し流行したＳＦのサブジャンル。当時急速に発展していたＩＴ技術やバイオ工学など最先端の科学技術と、現代的な社会風俗とを織り交ぜ、「今」を活写しようというもの。

10 **スチームパンク**　サイバーパンクから派生したサブジャンル。こちらは一九世紀末の蒸気機関全盛期を舞台に、それらを元に急速な科学技術の進歩を果たした「もう一つの世界」を描く、ある種の歴史改変ＳＦ。

11 **ハードＳＦ**　なるべく架空の疑似科学的アイデアを排し、現実の科学技術を元に世界を構築しようという「科学重視」のＳＦのこと。

12 **セカイ系**　日本で一九九〇年代から二〇〇〇年代にかけて流行ったラノベやアニメのサブジャンルの呼称。セカイノオワリとはあまり関係ない（はず）。詳しくは、前島賢の『セカイ系とは何か　ポスト・エヴァのオタク史』（二〇一〇年）あたりを参照されたし。

13 **スペオペ**　正式にはスペース・オペラ。一九二〇〜四〇年代にかけて、主にパルプ雑誌に掲載されていた宇宙活劇のこと。一九四一年にＳＦ作家のウィルスン・タッカーが最初に使った。当時、ラジオで放送されていた安手のメロドラマを、そのスポンサーに石鹸製造業者が多かったことからソープ・オペラと呼び、その転用で二流の西部劇をホース・オペラと呼んでいたことから、さらにその転用として出来の悪い宇宙ＳＦのことを指していた。ただし日本では、スペオペの紹介者である野田昌宏によって、痛快娯楽ＳＦとして肯定的な意味合いで使われるようになった。

14 **歴史改変もの**　我々の歴史とは違う歴史を歩んだ「もう一つの世界」を舞台としたＳＦ。「並行宇宙もの」の一種で、一時期流行った「架空戦記もの」も含まれる。

15 **スーパーカリフラジリスティ**

**ツクエクスピアリドーシャス** 一九六四年の映画『メリー・ポピンズ』の劇中で歌われる楽曲の名前。英語の長大語のひとつとして知られており、二〇〇七年四月に開催された携帯メールの早打ちを競う大会では、決勝戦の題目として用いられた。

16 **廬山雲霧** 江西省特産の緑茶。一〇大名茶のひとつ。廬山は中国を代表する風光明媚な観光地であり、かの陸羽が「天下第一泉」と名付けたと言われる。

17 **碧螺春** 江蘇省特産の緑茶。一〇大名茶のひとつ。非常に若い芽を摘むので、一〇〇グラム中に八〇〇〇～一万五〇〇〇の茶葉が含まれる。

18 **白毫銀針** 福建省特産の白茶。白毫とは産毛のこと。産毛の生えた非常に若い芽を使い、その姿が銀の針のように見えることから。

19 **白牡丹** 福建省特産の白茶。白毫銀針の一つ下の等級。一芯二葉を用い、白毫銀針ほどではないが産毛が多く、緑の葉の中で白い芯が花のように見えることから名付けられた。

20 **壽眉** 白茶の中では、一番低い等級。一芯二葉ないし、三葉。白茶全体の生産量のうち、半分を占める。壽眉の中でも質の高いものは貢眉と呼ばれることも。

21 **古樹御賞青餅11年** プーアル茶。古樹（古茶樹の茶葉を用いた）御賞（質の高い）青（生茶）餅（円盤状）11年（二〇一一年製）という意味。

**●春菜粛々と、いつか河を渡る** [P42-43]

1 **五年頑張ったらご本になるかもしれません** なりました!!

2 **『塔』** 福永武彦の処女作である短篇。

3 **『夏の朝の成層圏』** 池澤夏樹の長篇デビュー作。

4 **『福永武彦戦後日記』** 一九四五年九月一日から四七年七月三一日までを綴った、福永武彦の日記。続篇として、四九年、五一～五三年までが描かれた『福永武彦新生日記』がある。

**●都市と都市とSF** [P44-45]

1 **二十数回目の訪台** これ以降もせっせと年に何回となく台湾を訪れた結果、訪台回数が四〇回を突破したようなのですが……

2 **MRT** 正式名称は台北都会区大衆捷運系統（Taipei Rapid Transit System）。台北市内を走る、地下鉄、地上線の略称。ものすごく、便利。

3 **総合麻油湯** 生薬用生姜・米酒・胡麻油・鶏肉で作るスープ。体を温め、滋養に富むことから、産後の体力回復に欠かせないとされる。総合はミックス、鶏の部位あれこれ入り。

4 **ナノテクノロジー** 極小サイズ（ナノメートル規模）の機械を作って利用しようという技術。未だ実用化はされていない。

5 **アンドロイド** 人間そっくりに作られた人造人間のこと。最近は、グーグルのスマホ用ＯＳのことでもある。

6 **電脳世界** もしくは電脳空間。英語だとサイバースペース。コンピュータによって作られた、データで構成された仮想空間のこと。

7 **バイオスフィア** 生物圏。生物が存在する領域のこと。ここでは巨大密閉空間に構築された人工生態系、バイオスフィア2のことを指す。

8 **モノリス** 単体の巨大な岩のこと。ＳＦにおいては、アーサー・Ｃ・クラークの『２００１年宇宙の旅』に登場する謎の石版のこと。

9 **クロノリス** ロバート・チャールズ・ウィルスンのＳＦ小説、およびその作中に登場する、未来から続々と送り込まれてくる巨大な石碑群のこと。

10 **サイド6** テレビアニメ『機動戦士ガンダム』に登場する、地球の衛星軌道上に展開する宇宙コロニー群の一つ。ラグランジュ4点付近にあり、地球連邦とジオン公国との戦争（いわゆる一年戦争）が始まったとき、中立を宣言した。ざっくり言うと、主人公がお父さんとかライバルとか気になる美女とかに会った場所。

**11 アルバータ牛** カナダのアルバータ州特産の牛。アルバータ州の人口より、牛の数の方が多いらしい。赤身の美味しさが持ち味。

**12『ソイレント・グリーン』** リチャード・フライシャー監督、チャールトン・ヘストン主演、一九七三年公開のディストピアSF映画。ヘストンは一時期、『猿の惑星』とか『地球最後の男オメガマン』とか、この手のまっくらなSF映画ばっかり出てたような。原作はハリイ・ハリスンの近未来SFミステリ『人間がいっぱい』だけど、実はほとんど違う話（ちなみに『人間がいっぱい』は傑作なので、未読の人は是非読んでみてください）。映画の中で出てくる「ソイレント・グリーンは○○だ！」（ネタバレ検閲済み）は映画史に残る名台詞（かもしれない）。

**13『ブレードランナー』** ハリソン・フォード主演、リドリー・スコット監督による一九八二年公開のSF映画。原作はフィリップ・K・ディックの『アンドロイドは電気羊の夢を見るか？』だが、基本設定も含め、原作とは大きく異なる。ちょうど当時流行りだしていたサイバーパンクSFはもちろん、これ以降のSFにおける近未来世界のビジュアルを決定づけた強烈なイメージが特徴。ディストピア化した近未来のアメリカで、逃亡アンドロイド（映画の中ではレプリカントと呼ばれる）を追う賞金稼ぎを描く。原作よりもアンドロイド寄りの描写になっていて、主人公の設定もエンディングも全然違うが、テーマ的には原作と同じことを言っているところが特徴。終始雨が降る陰鬱な大都市に、英語と日本語が入り交じって飛び交うというイメージは、その後のSFにおける近未来描写を決定づけ、いまだに大きな影響力を持っている。強力わかもと！

**14『ニューヨーク東8番街の奇跡』** ジェシカ・タンディ主演、マシュー・ロビンス監督による一九八七年公開のSF映画。小さな生きているUFOたちがかわいい。

**15『アイ・アム・レジェンド』** ウィル・スミス主演、フランシス・ローレンス監督による二〇〇七年公開のSF映画。原作はリチャード・マシスンの『地球最後の男』で、一九六四年の『地球最後の男』、一九七一年の『地球最後の男オメガマン』に続く、三度目の映画化である。文明崩壊後のニューヨークの風景が衝撃的ですばらしい。

**16『ユービック』** フィリップ・K・ディック作のSF小説。予知能力者対反能力者、時間退行、ヒューマノイド爆弾等々、ディックお得意のガジェット満載で、日常が崩壊していく感覚を思う存分味わえる、ディックらしさに満ちた傑作。

**17『鋼鉄都市』** アイザック・アシモフ作のSFミステリ小説。巨大ドーム都市群に人々が住む未来の地球を舞台に、不可解な殺人事件の謎を追う人間とロボットの刑事コンビの活躍を描く。「ロボット三原則」が登場するロボットものでもあり、後の《ファウンデーション》シリーズへとつながる未来史ものでもある上に、ミステリとしての論理性もきちんとしているという、読みどころ満載の傑作。

**●爪楊枝装備勇者、いざ冒険の旅へ**［P46-47］

**1『プランク・ダイヴ』／「クリスタルの夜」「エキストラ」「暗黒整数」「グローリー」** 『プランク・ダイヴ』は、日本で独自に編纂されたグレッグ・イーガンの短篇集。「クリスタルの夜」以下の四作はその中に収録されている短篇のタイトルである。いずれもイーガンお得意の、最新の科学知識とSF的なアイデアとを元に語られる、科学と倫理を巡る物語となっている。

2 **考えるな、感じるんだ** 映画『燃えよドラゴン』の中の名台詞。"Don't Think. Feel!" でもこれを免罪符に、考えることを放棄すると、だいたい失敗する。

3 **デイヴィッド・ブリン** 一九五〇年生まれのアメリカの科学者、SF作家。博士号を持つ、いわゆる科学者作家だが、その作風はハードSFよりも娯楽色の高いより一般的なSFであることが多い。代表作は、『スタータイド・ライジング』など、五つの銀河系を制覇する列強諸属に人類が対抗する大スケールの宇宙活劇《知性化》シリーズ。

4 **ラリイ・ニーヴン** 一九三八年生まれのアメリカのSF作家。六〇年代半ばにデビュー、新たなハードSFの書き手として七〇年代に一世を風靡した。代表作は、『リングワールド』を含む、遠大な未来史ものである《ノウンスペース》シリーズ。また、『神の目の小さな塵』など、SF作家のジェリイ・パーネルとの合作群でも知られている。

5 **『第六ポンプ』** パオロ・バチガルピのSF短篇集。収録作はいずれも、終末観溢れる世界を生き延びようとする人々を描いた、バチガルピらしいものばかり。どれもおもしろいけど、読むとドッと疲れます。

**●ぼくのおふぃすがこんなにえすえふなはずがない** [P48-49]

1 **『内海《ないかい》の漁師』** アーシュラ・K・ル・グィンのSF短篇集。著者の代表的なシリーズである《ハイニッシュ・ユニバース》もの数作を含む。

2 **ビデオデッキ** 映像信号を記録するためのテープレコーダー。ベータとか、VHSとか。え、この注釈必要?

3 **C・L・アンダースン** 一九六六年生まれのアメリカのSF／ファンタジー作家、サラ・ゼッテルのペンネーム。『エラスムスの迷宮』執筆時のみ使われた(いつものゼッテル作品と雰囲気が違うから?)。邦訳作品は『エラスムスの迷宮』とデビュー作の『大いなる復活のとき』のみ。

4 **『エラスムスの迷宮』** サラ・ゼッテルが唯一C・L・アンダースン名義で発表したミステリ仕立ての宇宙SF。フィリップ・K・ディック賞受賞。

5 **私もお米の予約炊飯はいつも失敗する** その後、直火炊きのお釜に切り替えたため、今では失敗率ほぼ0です。

6 **シャンナ・スウェンドソン** 生年不明。アメリカのファンタジー作家。九〇年代に数作、ロマンス小説を出版するも、そのあとが続かずにいたが、二〇〇五年、《(株)魔法製作所》シリーズの第一作『ニューヨークの魔法使い』を発表、四巻目まではトントン拍子で出版される。が、またしても、そこでストップ、と思いきや、なんと五作目以降、日本で先行して出版され続けることになる。また近年は、新たなシリーズやヤングアダルト向け小説も手がけている。

7 **《(株)魔法製作所》** シャンナ・スウェンドソン作のファンタジー・シリーズ。現代のニューヨークを舞台に、田舎から出てきた女性主人公が魔法を駆使して恋に仕事に頑張るユーモア溢れるファンタジー。アメリカ本国よりも日本での人気が高く、五作目以降は日本での出版がアメリカよりも先行している。

**●宇宙でお茶を** [P50-51]

1 **ティーアドバイザー** 日本紅茶協会認定の資格の一つ。紅茶販売やフードビジネスの現場に役立つ、実用的な知識の習得を目指す。食品に関する諸法規とか、勉強したのです!!

2 **中級評茶員** 中国政府が認定する国家職業資格のひとつ。いわば「中国茶のソムリエ」。その後、安徽農業大学茶葉学科に短期留学を果たし、無事、高級評茶員になりました。

3 **中級茶芸師**　中国政府が認定する国家職業資格のひとつ。優れた茶藝館経営者を目指し、茶葉に関する知識や茶にまつわる文化、そして美しい淹れ方の所作等を学んだ、美味しいお茶を淹れるプロ。

4 **カッシーニの間隙**　土星の環のA環とB環のあいだに存在する隙間。フランスの天文学者、ジョバンニ・カッシーニが発見したため、この名がついた。ただし現在では、実は密度が薄くて地球からは見えないだけで、この部分にも環があることがわかっている。

5 **赤方偏移**　主に天文学において、観測対象からの電磁波スペクトルが、長波長側にずれて観測されること。電磁波の中でも可視光の場合は赤い色の方にずれることから、こう呼ばれる。これは、観測対象が高速で遠ざかっているためで、逆に観測対象が近づいてきている場合は、青方偏移（電磁波スペクトルが短波長側にずれる）が起こる。

6 **シュバルツシルト半径**　もしくは重力半径。ドイツの天文学者カール・シュバルツシルトが発見した、高重力下で出現する光も脱出できなくなるほど曲がった時空領域。この半径よりも小さいサイズに収縮した天体こそが、ブラックホールである。

7 **ダイソン球**　アメリカの宇宙物理学者フリーマン・ダイソンが提唱した人工構造物。恒星を卵の殻のように覆い、そのエネルギーを完全に利用することができるとする。建造にかかる労力があまりにすごいため、あくまでも理論的な存在。

8 **一芯二葉**　茶樹の先端の、まだ開いていない芽の部分と若い葉二枚までを指す。

9 **サバティエ反応**　水素と二酸化炭素を高温高圧状態に置き、ニッケルを触媒としてメタンと水を生成する化学反応。NASAは現在、宇宙ステーションでの生命維持への応用として、サバティエ反応を使って呼気の二酸化炭素から水を回収する技法を研究中（まるっとwiki調べ）。

10 **ヤン・ウェンリー**　田中芳樹のスペース・オペラ『銀河英雄伝説』の登場人物。帝国側の主人公、ラインハルト・フォン・ローエングラムに対する、自由惑星同盟側の主人公。東洋系でハンサムに見えないこともない学者風の風貌の人物。紅茶好き。

**●ボーカロイドは音楽の神の夢を見るか、あるいは宣伝**［P52-53］

1 **アレンジャーが行方不明**　その後警察と大家さんをともない、家に突入する騒動に。ちゃんと生きてました。良かった。

2 **カレル・チャペック**　一八九〇年生まれ、一九三八年没のチェコの作家、劇作家。代表作に『ロボット（R.U.R.）』『山椒魚戦争』など。SFというジャンルがアメリカで確立する以前の作家であり、その作品の題材も多岐にわたっているが、代表作を含め、現実に対する痛烈な風刺を込めたSF的な作品を残していることで有名。

3 **『ロボット（R.U.R.）』**　カレル・チャペックの代表的な戯曲。R.U.R.とは作中に登場するロッサム万能ロボット会社の略称。世界で初めて、「人造人間」を「ロボット」と名づけたことと、労働力として人間に酷使されるロボットたちが反乱を起こす物語を描いたことで有名な作品である。ただし、ここに登場するロボットは後年のイメージのような機械仕掛けではなく、化学的に培養される人工物でできているとされる。

4 **クラヴィサン・エレクトリィク**　フランスのイエズス会の司祭によって、一七五九年に開発された電子楽器の祖先。クラヴィサンは、ドイツ語でチェンバロ、英語でハープシコードのこと。

5 **テルハーモニウム**　一八九七年、米国の発明家タディウス・

ケイヒルが開発。重量二〇〇トン、蒸気を動力とする一二個の電磁発電機で駆動する巨大な電子楽器。

**6 テルミン** 一九一九年にロシアの発明家レフ・セルゲーエヴィチ・テルミンが発明した世界初の電子楽器。テルミン本体に手を接触させることなく、空間中の手の位置によって音高と音量を調節することができる。

**7 オプトフォニック・ピアノ** 一九一六年開発開始、一九二四年発表された電子楽器。パターンを書いたガラス円盤に光を当て発振音を得る。

**8 トラウトニウム** 一九三〇年代にベルリンで制作される。鋼線をバーに押しつけることで、無制限の可変ピッチ、または（鍵盤楽器に似た）一定量ずつ増加するピッチが可能だった。

**9 オンド・マルトノ** 一九二八年にフランス人のモーリス・マルトノが開発した電子楽器。音の出し方としては、テルミンに似ている。

**10 ノヴァコード** ローレンス・ハモンドが一九三七年発表、三九〜四一年に製造した、おそらく世界最初の減算合成型ポリフォニック・シンセサイザー製品。

**11 ポリフォニック** 複数の音、和音を出すこと。今となっては当たり前のことだが、モノフォニック（単音）シンセサイザーから、ポリフォニックシンセサイザーに移行するには、多くの試行錯誤があった。

**12 ハモンド・オルガン** 一九三四年にローレンス・ハモンドによって開発された電子楽器。パイプオルガンのパイプの代わりに、トーンホイールを回転させ、電磁ピックアップにより磁界変化の波を音源として出力する。

**13 クラヴィヴォックス** 一九五二〜一九五八年、音楽家レイモンド・スコットが開発。鍵盤の他にR.A.Moog社のテルミンを流用したコントローラを装備し、後には電圧制御式シーケンサも追加された。

**14 『ムジカ・マキーナ』** 高野史緒の第一長篇。一九世紀後半のヨーロッパを舞台に、虚実の入り交じった「もう一つの音楽史」を描いた幻想的なSF。

**15 『南極点のピアピア動画』** 野尻抱介のSF短篇集。ニコニコ動画ならぬピアピア動画と宇宙開発という、作者の大好きな要素を絡めたハードSF連作集となっている。

**●大事なことはみんなアニメと漫画で教わった** ［P54-55］

**1 『ロボット』** ラジニカーント主演、シャンカール監督、二〇一〇年公開のインドのSF映画。ロボット製作を巡るアクションSFをインド映画らしいディティール（歌と踊りがばんばん入るとか総尺が三時間近いとか）満載で描いた怪作。日本では公開されていないが、インドでは大ヒットしたおかげで続篇が作られたとか。

**2 『スノーホワイト』** クリステン・スチュワート主演、ルパート・サンダース監督、二〇一二年公開のアメリカ映画。グリム童話の「白雪姫」を現代的な解釈で再話したファンタジー映画。白雪姫は出てこないが、悪の女王と姫を助けた猟師とが再登場、再び対決する続篇が製作中で、最終的には三部作になる予定だとか。

**3 アシモフの三原則** アイザック・アシモフがその作品の多くで採用している「ロボット工学三原則」のこと。ロボットを安全に動作させるために、プログラムしておくべきルールのこと。ただし、アシモフによればこれをまとめたのは彼の編集者だったジョン・W・キャンベル・ジュニアだという。具体的には以下の三項目（小尾芙佐訳）。

第一条
ロボットは人間に危害を加えてはならない。また、その危険を看過することによって、人間に危害を及ぼしてはならない。

第二条
ロボットは人間にあたえられた

命令に服従しなければならない。ただし、あたえられた命令が、第一条に反する場合は、この限りでない。

第三条
ロボットは、前掲第一条および第二条に反するおそれのないかぎり、自己をまもらなければならない。

ちなみに、よく混同している人がいるけど、現在使われている現実のロボットにはこんなプログラムは入ってません。あと、こういうプログラムがほんとに安全を保証するかも疑問あり。だいたいアシモフ自身が、この条項の抜け道が事件を起こす話をいろいろ書いてます。

**4 ハリウッドの脚本システム**
現代のアメリカ映画の多くは、意識的に三幕構成で書かれている。詳しくは、その原点となったシド・フィールドの著書『映画を書くためにあなたがしなくてはならないこと』および『素晴らしい映画を書くためにあなたに必要なワークブック』を参照されたし。

**5『ネイビーシールズ』** スコット・ワウ、マイク・マッコイ両監督による二〇一二年公開のアメリカ映画。アメリカ海軍の特殊部隊「シールズ」の活躍を描いたアクションもの。主役である海軍特殊部隊の隊員たちを、本物の現役隊員たちが演じている（しかも使用してる武器も全部本物）。……ので、アクションシーンのリアリティはものすごいけど、合間に入るドラマ部分は、なんというか、その、ねえ……。

**6『ミッドナイト・イン・パリ』** オーウェン・ウィルソン主演、ウディ・アレン監督による二〇一一年公開のアメリカ映画。小説が書けないで悩んでいるアメリカ人脚本家がパリを訪れ、なぜか一九二〇年代へとタイムトラベルして、当時パリにいた文豪たちと出会うという、ロマンティックなファンタジー映画（なんせ、ふらっと現れたクラシックカーに乗って、ふらっと街角を行けば、あっというまに一九二〇年代へ行けちゃうという、理屈も何もまったくない夢のようなお話なのです）。ただし、創作でほんとに悩んでる人の参考にはあんまりならないかと。

## ●古今東西お化け考察［P56-57］

**1『倉橋由美子の怪奇掌篇』** 倉橋由美子の怪奇短篇集。別題に『大人のための怪奇掌篇』。ちなみに、倉橋由美子は一九三五年生まれ、二〇〇五年没の小説家で、代表作の『スミヤキストQの冒険』や『アマノン国往還記』など、風刺の効いたシュールで幻想的な作品を多く執筆している。

**2 H・R・ウェイクフィールド** フルネームはハーバート・ラッセル・ウェイクフィールド。一八八八年生まれ、一九六四年没のイギリスの小説家、編集者。主に怪奇短篇で知られている。代表作は「赤い館」、「ダンカスターの十七番ホール」、「目隠し遊び」など。イギリス伝統の怪談話の名手の一人。

**3『ゴースト・ハント』** 日本で編纂されたH・R・ウェイクフィールドの怪談短篇集。本邦初訳の作品を含め、高名な短篇が多数収録されている。

## ●きのこは笑う、されど我らは［P58-59］

**1『きのこ（乙女の玉手箱シリーズ）』** とよ田キノ子監修、グラフィック社。きのこグッズ好きなら知らない人はいない、とよ田キノ子さんのきのこ愛がみっちり詰まった必携の一冊。

**2『きのこる キノコLOVE111』** 堀博美著、山と溪谷社。キノコにまつわる俗信・人物・歴史・民族・神秘・信仰・漫画・映画・芸術をまとめた、菌界縦断の書。

**3『毒キノコが笑ってる シロウトによるシロウトのための実録キノコ狩り入門』** 天谷これ著、

山と溪谷社。きのこ狩りにまつわるユーモア溢れるエトセトラ。

4 **『カラー版　きのこ図鑑』** 本郷次雄監修、家の光協会。日本の主要なきのこ約七〇〇種を掲載した図鑑。

5 **『きのこブック』** 伊沢正名著、平凡社。世にもおいしいキノコ、世界の変なキノコ、キノコの博物誌、毒キノコ列伝など、キノコを楽しむエッセイと不思議で笑えるキノコの写真を組み合わせたユニークな写真読本。

6 **『世界のキノコ切手』** 飯沢耕太郎著、プチグラパブリッシング。キノコに魅入られた写真評論家・飯沢耕太郎のコレクションより、バラエティ豊かな世界のキノコ切手を紹介。

7 **『見つけて楽しむきのこワンダーランド』** 吹春俊光、大作晃一著、山と溪谷社。きのこの不思議なくらしを、実物大写真で紹介。

8 **『考えるキノコ　摩訶不思議ワールド』** 飯沢耕太郎、大舘一夫、他著、INAXo。キノコの世界をキノコに魅入られた人々の視点で多角的に考察し、その魅力を掘り下げた一冊。

9 **『きのこ文学名作選』** 飯沢耕太郎編著、港の人。狂言や今昔物語などの古典からいしいしんじまで、ひたすらきのこをモチーフにした一六篇。姉妹篇に、田中美穂編集の『胞子文学名作選』も。

10 **魔夜峰央** 一九五三年生まれのマンガ家。代表作は何といっても一九七八年から描き続けている『パタリロ!』。「だ〜れが殺した、クックロビン♪」

11 **「茸ホテル」** パタリロたちが迷い込んだ山奥の古いホテル。そこで出されるきのこ料理は絶品だった。だってそのきのこは……というお話、だったように思う。このお話だけ鮮烈に記憶に残っているのは、その頃からきのこの素養があったということか。

12 **上田早夕里** 一九六四年生まれのSF作家。代表作は『火星ダーク・バラード』や『華竜の宮』など。《妖怪探偵・百目》シリーズや《洋菓子》シリーズなど、SF以外のジャンルの作品も多い。

13 **「くさびらの道」** 中短篇集『魚舟・獣舟』に収録されたお話。くさびらとは、古語できのこのこと。二〇一五年二月にハリウッド映画化企画、というニュースが出たが、その後どうなったんだろう……きのこ役で出演させてくれないだろうか。

14 **『マタンゴ』** 久保明主演、本多猪四郎監督、一九六三年公開の映画。ウィリアム・ホープ・ホジスンの海洋奇譚短篇「夜の声」を元に福島正実が原案を書いたということで有名。海上で遭難、謎の無人島に漂着した男女が、不気味なキノコ状の怪物「マタンゴ」と遭遇するという怪奇映画。初公開時は同時上映が『ハワイの若大将』だったって、マジすか!?（苦笑）。ちなみにマタンゴの声はバルタン星人の声とほぼ一緒だったはず。

15 **『侵略円盤キノコンガ』** 白川まり奈によるマンガ。不時着したUFOから現れたキノコ状の生物が地上を侵食、人々はキノコ人間と化し姿を消していくという、全く救いのない強烈な怪奇SF。『マタンゴ』も怖いけど、こっちのラストはもっと怖いです。

**●いあ☆いあ** ［P60-61］

1 **カルチャーカフェ・シャッツキステ** 末広町にある、私設図書館をコンセプトにした老舗メイドカフェ。シャッツキステとはドイツ語で宝箱の意味。

2 **怪談専門雑誌『幽』** 二〇〇四年に創刊された年二回刊の怪談専門誌。発行元は株式会社KADOKAWAで、同社の総合文芸誌『ダ・ヴィンチ』の増刊として刊行されている。

3 **東雅夫** 一九五八年生まれの評論家、編集者。ホラー、怪談の人。代表作に『クトゥルー神話事典』など。『幽』の編集顧問。

4 **辻谷耕史**　犬夜叉（弥勒）、無責任艦長タイラー（ジャスティ・ウエキ・タイラー）、3×3EYES（藤井八雲）などで知られる、軽さと柔らかさのある素敵な声の方。渡辺久美子さんの旦那様。

5 **渡辺久美子**　爆走兄弟レッツ&ゴー!!（J、一文字豪樹など）、あたしンち（母）、ケロロ軍曹（ケロロ）など、池澤が多くの作品で共演させていただいている偉大な先輩。辻谷耕史さんの奥様。

6 **ロバート・ブロック**　一九一七年生まれ、九四年没のアメリカの小説家。初期はパルプ雑誌の作家としてホラー短篇を量産、その中にはクトゥルー神話ものも多い。また、実在の殺人鬼「切り裂きジャック」を題材にした作品も多い。六〇年代には脚本家としても活躍、『ヒッチコック劇場』や『宇宙大作戦』などのシナリオを多数執筆した。長篇の代表作はなんといっても映画化された『サイコ』。短篇集に『血は冷たく流れる』『切り裂きジャックはあなたの友』など。

7 **「無人の家で発見された手記」**　ロバート・ブロック作の怪奇短篇小説。クトゥルー神話もの。手記だけが残されているという設定だけで、すでにもう絶望的な雰囲気が漂うが、その期待（?）を裏切らない作品。

8 **H・P・ラヴクラフト**　フルネームはハワード・フィリップス・ラヴクラフト。一八九〇年生まれ、一九三七年没のアメリカの小説家。SF的な要素を持つホラー小説を多数書いたことで有名で、それらの作品は「コズミック・ホラー」などとも呼ばれる。また、その多くは彼の友人の作家たちと共に作り上げた共通の背景設定を持っており、彼の死後、彼の友人の作家、オーガスト・ダーレスによって「クトゥルー神話」として体系化された。

9 **「アウトサイダー」**　H・P・ラヴクラフトのホラー短篇。タイトルであるアウトサイダーが誰を意味するかは、是非とも読んで確かめて欲しい。

10 **『リトル・リトル・クトゥルー』**　東雅夫編集によるクトゥルー神話掌篇集。副題を「史上最小の神話小説集」。八〇〇字までという縛りで募集されたショートショート作品一〇〇本以上を収録している。

11 **シュブ＝ニグラス**　クトゥルー神話に登場する架空の邪神。豊穣を意味する母神。「万物の母」にして「千匹の仔を孕みし森の黒山羊」。

12 **ショゴス**　クトゥルー神話に登場する架空の生物。邪神たちのしもべとして使役される。「テケリ・リ、テケリ・リ」と鳴く。

13 **『異形たちによると世界は…』**　cocoによるクトゥルー神話を題材にしたマンガ。邪神たちの姿が、みんなかわいい女の子になっているところがミソ。でも、中身はやっぱり邪神だからな〜。

14 **『マンション・オブ・マッドネス』**　クトゥルー神話を題材にしたボードゲーム。

15 **エルダーサイン**　クトゥルー神話に登場する護身の印。内側に目が描かれた歪んだ五芒星形。けしてパイラ星人ではない（パイラ星人については、映画『宇宙人東京に現わる』を参照されたし）。さらに、『エルダーサイン』という名前のクトゥルー神話を題材にしたボードゲームもある。

16 **いあ！　いあ！**　クトゥルー神話に出てくる、神を讃える言葉。「いあいあ」の後に、讃える神様の名前を続ける。

**●明日のボクらはすべて星**［P62-63］

1 **『新未来記』**　オランダの博物学者、ペーター・ハルティンクがジヌスコリデス名義で一八六五年に発表した未来小説。明治一一（一八七八）年にこの邦題で翻訳が出版された、日本における翻訳SF第一号。この頃の翻訳の特徴で、訳文はかなり自由に翻案されてるとか、されてないとか。

2 **『新編 SF翻訳講座』** 大森望著のエッセイ集。『SFマガジン』での連載を元にしている。読めばあなたもSF翻訳家に……なれるわけではない（たぶん）。

3 **鴻巣友季子** 一九六三年生まれの翻訳家、文筆家。初期はミステリやSFの翻訳も多かったが、近年は純文学も手がけており、中でも『嵐が丘』と『風と共に去りぬ』の新訳が話題となった。翻訳に絡む著書も多く、『明治大正翻訳ワンダーランド』『熟成する物語たち』などがある。

4 **『明治大正翻訳ワンダーランド』** 鴻巣友季子の著書。江戸幕府による鎖国が解け、海外文明が爆発的に流入、外国文学翻訳の黎明期となった明治大正期の翻訳事情について、著者がその研究を軽妙洒脱に語ったエッセイ集。ネット検索どころか、まともな辞書もろくにない時代の、考えただけで気が遠くなりそうな翻訳の話です。

5 **黒岩涙香** 一八六二年生まれ、一九二〇年没の作家、翻訳家、新聞記者。海外の小説を日本の読者向けに翻案した「翻案小説」を数多く執筆したことで有名。なんせ翻訳じゃなくて翻案ですからね。一時期流行った「超訳」どころの話じゃなくて、舞台や登場人物が日本のものになってたり、筋書きも変わったりと、まさに自由自在に原著を素材として料理しているところが特徴。『鉄仮面』『幽霊塔』『巌窟王』などがいまだに有名かと。

6 **二〇一二年にも「やっぱりいない」と嘆かれ** 二〇一六年現在も、翻訳SFの出版点数自体が増えていないので若い翻訳家も育ちにくいという構造が続いています。

7 **新井素子** 一九六〇年生まれのSF作家。一九七七年、高校二年生の時に『あたしの中の……』で第一回奇想天外SF新人賞に佳作入選してデビュー、同時代の口語的な表現を取り入れた斬新な文体で人気を博した。代表作に『グリーン・レクイエム』『チグリスとユーフラテス』など。家に何千体ものぬいぐるみを持つヌイグルマー。

8 **地獄における雪玉** 元ネタはたぶんチャールズ・ストロスの短篇「雪玉に地獄で勝算はあるか？」。

9 **「メビウスという名の地下鉄」** A・J・ドイッチュ作の短篇SFにして代表作。ちなみにドイッチュは、一九一八年生まれ、六九年没のアメリカの天文学者、SF作家。

10 **『第四次元の小説』** 「メビウスという名の地下鉄」をはじめ、数学に絡んだSFを集めた、クリフトン・ファディマン編の短篇集（ただし抄訳）。ちなみに、ファディマンは一九〇四年生まれ、九九年没のアメリカの作家、編集者、テレビ／ラジオ・パーソナリティ。

**●もぐって のぼって うかぶよ どうぶつの森** [P64-65]

1 **二〇一五年に発売される次作** 二〇一五年は八作目『どうぶつの森 ハッピーホームデザイナー』（ニンテンドー3DS）、九作目『どうぶつの森 amiibo フェスティバル』（Wii U）が出ました。前者は部屋作りに特化、後者はすごろく的なゲームになっている。

2 **アリアウ・アマゾン・タワーズ** ブラジル、アマゾナス州にあるホテル。一九八七年に造られた、アマゾンの森林の中にあるホテル。樹上に設けられたタワーを空中回廊がつないでいる。

3 **指輪物語のロスローリエン** J・R・R・トールキン作のファンタジー小説『指輪物語』などに登場するエルフの国の一つ。

4 **マグレブ** マグネティカリー・レヴィテイテッド・ヴィークル（超電導磁気浮上式鉄道）の

略称。リニアモーターカーもこれの一種。

**●人生が終わりかける本棚整理の魔法** [P66-67]

1 **近藤麻理恵**　生年不詳の片づけコンサルタント。二〇一一年に出版した『人生がときめく片づけの魔法』がミリオンセラーとなった。二〇一五年、アメリカの雑誌『TIME』の「最も影響力のある百人」の一人に選出された。偉い。偉いとは思いますが……まあ、蔵書家など収集癖のある人たちとは、相容れない人生哲学の人ということで。

2 **『人生がときめく片づけの魔法』**　近藤麻理恵の著書。日本でミリオンセラーになっただけでなく、世界三〇カ国以上で翻訳出版され、ヨーロッパ各国やアメリカでもベストセラーとなっている。……で、池澤さんは片づけ終わったんすか？（堺）

**●外面如人間内心如人間** [P68-69]

1 **ハシビロコウ**　ペリカン目ハシビロコウ科の鳥類の一種。ものすごく大きい（一一〇〜一四〇cm）。ものすごく動かない。ものすごく目力がある。いろいろものすごい。

2 **ファンド**　本来はアートクレイ社の製品名であるが、石粉粘土全般を示すことが多い。石を粉状に砕き、接着剤などを混ぜて粘土状にしたもの。

3 **ウルタールの猫**　H・P・ラヴクラフトの短篇。猫を大事にしましょうね、というお話（ちょっと違うかも）。

4 **岡崎武士**　一九六七年生まれのマンガ家、イラストレーター。代表作に『エクスプローラーウーマン・レイ』『精霊使い』など。

5 **超越**　あるものが別の高い次元にあること。神学や哲学では、神様が現実世界の外側にあることなどを指す。SFやファンタジー的には、人間の精神が現実世界よりも高次の世界を認識できるようになること。

6 **チューリングテスト**　アラン・チューリングが考案したもので、ある機械（人工知能）が本当に人間と同じような知性を持つとみなせるかどうかを判定するというもの。ちなみにチューリングは、一九一二年生まれ、五四年没のイギリスの数学者。コンピュータや人工知能に関する研究の基礎を作り上げた科学者の一人。また、第二次世界大戦中は、暗号解読者として活躍した。映画『イミテーション・ゲーム　エニグマと天才数学者の秘密』は、その様子を描いたもの。

7 **エイミー・トムスン**　一九五八年生まれのアメリカのSF作家。代表作は『ヴァーチャル・ガール』。寡作なのが惜しい作家の一人。

8 **『ヴァーチャル・ガール』**　エイミー・トムスンのSF小説。天才科学者に作られた美少女ロボット、マギーの成長を描いている。表面的にはかわいい美少女ロボットの冒険ものだが、よく読めば、人工知能のあり方、女性の自立、現代アメリカが抱える社会的問題の数々などが、きちんと描かれた作品となっている佳作。

9 **リラダン**　フルネームはジャン＝マリ＝マティアス＝フィリップ＝オーギュスト・ド・ヴィリエ・ド・リラダン。一八三八年生まれ、一八八九年没のフランスの作家、劇作家、詩人。ちなみに、伯爵。象徴主義を代表する作家の一人。代表作に『未来のイヴ』、短篇集『残酷物語』など。

10 **『未来のイヴ』**　リラダンの書いたSF小説。人造人間を初めて「アンドロイド」と呼んだことで知られる。美人だが品性に欠ける歌姫に恋した男のために、発明家が彼女そっくりの人造人間を作るが、という話。ギリシャ神話の「ピグマリオン」を下敷きにしているという点では、ジョージ・バーナード・ショーの戯曲『ピグマリオン』およびそのミュージカル映画化作品『マイ・フェア・レディ』と同じ。要するに「男はバカなのよ」ってことで。

**●我が赴くは非モテの大海**［P70-71］

1　**ジャック・マイヨール**　一九二七年生まれ、二〇〇一年没の、フランスのダイバー。人類史上初めて素潜りで一〇〇メートルを超える記録をつくった人。自伝を元にした映画『グラン・ブルー』で世界的に有名になった。

2　**ケイシャーダ**　ブラジル発祥の格闘技カポエイラにおける、基本の六種類の蹴りの一つ。顎への蹴り。

**●人は本のみにて生くるに非ず、されど……**［P72-73］

1　**電子書籍アワード**　二〇一四年の結果は以下のとおり。

01進撃の巨人
02キングダム
03ジョジョの奇妙な冒険
04宇宙兄弟
05オレたちバブル入行組／オレたち花のバブル組
06ロスジェネの逆襲
07 ONE PIECE
08はたらく魔王さま！
09テラフォーマーズ
10 HUNTER × HUNTER

二〇一五はまだみたい。

2　**『ペリー・ローダン』**　正式には《宇宙英雄ペリー・ローダン》シリーズ。一九六一年の第一話刊行以来、ドイツのSF作家たちが、今もなお書き継ぎ続けている、世界最長にして究極のスペオペSF小説。二〇一六年一月時点で二八〇〇話に到達。日本ではドイツでの二話を一冊にして翻訳出版中で、二〇一六年一月時点で五一三巻（ドイツ版一〇二六話）に到達。人類初の月面着陸を果たしたアメリカの宇宙飛行士ペリー・ローダン（なんせ、アポロ十一号の月面着陸よりも前に始まったシリーズなんで、今となっては出だしから史実とズレてるのです）がそこで異星人とファースト・コンタクトを果たし、地球を統一、さらには全銀河を統一する戦いが始まる……というのが初期の展開だが、物語が長期化するにつれて、どんどん話は複雑化して、宇宙そのものの秘密に迫ったりと、ありとあらゆるSF的アイデアのごった煮と化している。

3　**アプリも基本は85円か170円**　二〇一五年末には120円、240円になってます……為替のドル円に準拠してるそうだけど、どこまで上がっちゃうのでしょ。

**●脱出という名のロジック**［P74-75］

1　**書泉グランデ**　東京は神田神保町の古書街にある、地上七階地下一階の大型新刊書店。

2　**ホワイダニット**　謎解きがお話のメインテーマとなる本格推理小説における、謎の分類の一つで、日本語に訳すと「なぜやったか？」、つまり「動機」が何かが最大の問題だという意味。他に、フーダニット（誰がやったか？）、ハウダニット（どうやってやったか？）がある。

3　**『審判の日』**　ジョージ・R・R・マーティン編のシェアードワールド小説《ワイルド・カード》シリーズ第三巻。ニューヨーク市内を舞台に、善悪二派の超能力者たちが入り乱れ、激しい戦いを演じるSFアクション。

4　**『バービーはなぜ殺される』**　ジョン・ヴァーリイ作の短篇集。表題作は、未来の月面都市を舞台に、女刑事が殺人事件の謎を追うSFミステリ。問題は、被害者も容疑者たちも皆同じ姿形をしているということだった……というもの。

5　**『ホログラム街の女』**　F・ポール・ウィルスン作の連作中篇集。未来の地球を舞台に、しけた私立探偵が巨大な陰謀に巻き込まれていく……という由緒正しいハードボイルドもの。

**6「冷たい方程式」** トム・ゴドウィン作の短篇SF。宇宙船に密航した少女の処遇を巡る極限状況を描いて、SF史上に名を残したSF版「カルネアデスの板」（が何かは自分で調べてください）。

**7『遊星からの物体X』** カート・ラッセル主演、ジョン・カーペンター監督、一九八二年公開のSFホラー映画。原作はジョン・W・キャンベルの短篇SF「影が行く」で、一九五一年にも『遊星よりの物体X』として映画化されている。極地に不時着した宇宙船を発見した越冬隊員たちが、蘇った異星生命体に襲われるというSFホラー。

**8『ターミナル・エクスペリメント』** ロバート・J・ソウヤー作のSFミステリ。次々と起こる殺人事件の容疑者は、ある医学博士の脳からコンピュータ上にコピーされた三つの複製たち。同一人物の精神のコピーのうち、どれが犯人なのか、捜査は難航する……というストーリー。

**9 実現しませんかね!?** まだ実現してませんね……いいと思うんですけどねぇ。

**●つぎの世界につづく** ［P76-77］

**1 ウィリアム・ギブスンのサイバーパンク三部作** 別名「電脳空間三部作」もしくは「スプロール三部作」。『ニューロマンサー』『カウント・ゼロ』『モナリザ・オーヴァドライヴ』の三作。近未来を舞台に凄腕のハッカーたちの活躍を描いて、一九八〇年代の「サイバーパンクSF」ブームを牽引した。未来的でクールな日本のイメージを、欧米に一気に広めたという点でも興味深いシリーズ。九〇年代はスプロール三部作よりももっと現実に近い設定の近未来を舞台にした「橋」三部作、そして二〇〇〇年代は現代を舞台にした新たな三部作と、どんどん現実に近い世界観にシフトしつつ、科学技術の進歩と社会の変化を考察したSFを発表している。ただし、最新長篇の The Peripheral は初のタイムトラベルSFなんだとか。

**●あるいは萌えでいっぱいの世界** ［P80-81］

**1『チャーリーとチョコレート工場』** ジョニー・デップ主演、ティム・バートン監督、二〇〇五年公開のアメリカ映画。ロアルド・ダールの児童向け小説『チョコレート工場の秘密』の二度目の映画化（一度目はメル・スチュワート監督、一九七一年公開の『夢のチョコレート工場』）。不思議なチョコレート工場を巡るファンタジー映画。毎度お馴染み、ジョニー・デップが変な人を怪演してます（てか、白塗り何度目?）。

**2『ネバーエンディング・ストーリー』** ウォルフガング・ペーターゼン監督、一九八四年公開（日本公開は八五年）の西ドイツ／アメリカ映画。原作はミヒャエル・エンデの『はてしない物語』。原作と後半のストーリーが大きく違うため、原作者のエンデが激怒したことでも有名。主題歌、大ヒットしましたよね、そういや。

**3『ハリー・ポッター』** J・K・ローリングによる児童向けファンタジー小説シリーズとそれを映像化したイギリス／アメリカの映画シリーズ。原作は全七作だが、映画版は原作最終巻を前後篇に分けて映像化したため全八作となっている（原作の刊行は一九九七～二〇〇七年、映画の公開は二〇〇一～二〇一一年）。現代のイギリスを舞台に、普通の人々には知られないまま存在している魔法使いたちの社会で、魔法学校に入学した少年ハリーと、彼と因縁を持つ邪悪な魔法使いとの戦いを描いたファンタジー。主役三人を演じた子役たちが、成長してものすごく容姿に明暗が分かれたのがいやなんでもありません。ちなみに、映画版全八作合わせると、だいたい二〇時間になる。

**4『ロード・オブ・ザ・リング』** ピーター・ジャクソン監督によるアメリカ／ニュージーランドの三部作ファンタジー超大作（公開は二〇〇一～〇三年）。原作はJ・R・R・トールキンの『指輪物語』。いわゆる「異世界ファンタジー」小説ブームを巻き起こし、二〇世紀以降においてファンタジー小説というジャンルを確立させた傑作。同じくジャクソン監督によって『ホビット』三部作として映画化された『ホビットの冒険』は、この『指輪物語』の前日譚にあたり、どちらの作品も人間がホビット、エルフ、ドワーフなどの異種族と共に暮らす中世風の異世界「中つ国」を舞台に、主人公たちの冒険を描いている。ちなみに、映画版の『ロード・オブ・ザ・リング』と『ホビット』のエクステンデッド版全六作合わせると、だいたい二一時間になる。

**5『ナルニア国物語』** C・S・ルイス著の子供向けファンタジー小説シリーズ（全七巻）。基本的には、二〇世紀イギリスの少年少女たちが、ナルニアと呼ばれる異世界へとつながる扉を見つけ、二つの世界を行き来しながら冒険を繰り広げるという物語。アニメ化（一九七九年）、テレビドラマ化（一九八八年）、映画化（二〇〇五～二〇一〇年）と、繰り返し映像化されているが、常に最初の数作までで、全七巻が全て映像化されたことはない。二〇〇五年からの映画化では第一部から第三部までが作られ、二〇一六年現在、キャストを一新して第四部の製作が進められている。

**6『海底二万哩』** カーク・ダグラス主演、リチャード・フライシャー監督、一九五四年公開のアメリカ映画。原作はジュール・ヴェルヌの『海底二万里』。一九世紀後半を舞台に、潜水艦ノーチラス号で世界各地の海を荒らすネモ艦長に出会った人々の冒険を描く。『海底二万里』は何度も映像化されているが、本作に登場するトゲトゲしたデザインのノーチラス号は、独特の魅力がある。

**7『月世界旅行』** ジュール・ヴェルヌ作のSF小説、および、それを元に大幅に簡略化して映像化したジョルジュ・メリエス監督のフランス映画（一九〇二年）。この映画は、モノクロかつサイレントで、世界最初のSF映画とされている。巨大な大砲で、中に人間を乗せた砲弾を月に撃ち込もうとする科学者たちの冒険を描く。どう考えても、生きて目的地にたどり着けそうにない気もしますが（苦笑）。ちなみに、一九世紀末に書かれたとは思えないくらい論理的でSFらしい原作と比べて、映画版の方は大幅に脚色されてものすごくファンタジックな作品になっている。

**●百億の昼と千億の夜と七千兆のクッキー** ［P84-85］

**1 この号が出る頃にはすっかり廃《すた》れているであろう** それがですね!! アップデート、いまだにしてるんですって。光をクッキーに変換するプリズムができたり、ドラゴンを育てたり、相変わらずよくわからない方向に進んでいるようです。

**2 バイバイン** 『ドラえもん』のひみつ道具の一つ。液状の薬品。一滴ふりかけたものが、五分ごとに二倍の数に増えていく。一時間で四〇九六個、二時間で一六七七万七二一六個!!

**3 コニー・ウィリス** 一九四五年生まれのアメリカのSF作家。テーマ性と娯楽性を両立させたリーダビリティの高い傑作を連発、各賞を総なめにしている現代SFの女王。代表作に『ドゥームズデイ・ブック』『犬は勘定に入れません あるいは、消えたヴィクトリア朝花瓶の謎』など。

**4 百々似（マンガ註）** 西島伝法の小説『皆勤の徒』に登場する異形の生物の一つ。一部では

「かわいい」という説もありますが、いやあ、どうなんでしょう?（笑）

**●手書きの書に捧げる先行投資** [P86-87]

1 **東野司** 一九五七年生まれのSF作家。代表作は《ミルキーピア物語》シリーズなど。元々はテクニカル・ライターも務めており、コンピュータがらみのSFが多い。

2 **森岡浩之** 一九六二年生まれのSF作家。代表作は『星界の紋章』『突変』など。『星界の紋章』に始まる《星界》シリーズは、現代的なスペース・オペラとして人気を博し、アニメ化もされた。

3 **若木未生** 一九六八年生まれのSF／ファンタジー作家。代表作はデビュー作でもある《ハイスクール・オーラバスター》シリーズ。

4 **山田正紀** 一九五〇年生まれのSF作家。七四年、『神狩り』で衝撃的なデビューを飾り、以降、次々にスケールの大きなSFを発表し続けている。また、九〇年代後半以降は本格ミステリにも挑戦、そちらでも高い評価を受けている。代表作に『宝石泥棒』『エイダ』など。

5 **長谷敏司** 一九七四年生まれのSF作家。緻密な設定とシリアスなテーマ性を併せ持ち、ライトノベルと一般文芸双方で活躍中。代表作は《円環少女》シリーズ、『BEATLESS』など。

6 **氷室冴子** 一九五七年生まれ、二〇〇八年没の小説家。いわゆる「少女小説」の、一九八〇年代から九〇年代における代表的な作家の一人。代表作に《なんて素敵にジャパネスク》シリーズ、《銀の海　金の大地》シリーズなど。

7 **先端にプラスチックの透明円盤がついているおっしゃれ～なスタイラス** 即、壊れました。一週間くらいで。その後買ったお値段五分の一くらいのスタイラスは、書き心地も悪く無いですし、丈夫で長持ちしております。

8 **Jedit** Mac OS用に開発された日本語エディタ。弘法筆を選ばず、と申しますが、弘法大師様が現代にいらっしゃったら、意外と「キーボードは静電容量無接点じゃなきゃだめ」とか、「モニターサイズは27インチが鉄板」とか、「ATOKしか現状選択肢がない」とか、いろいろこだわるかもしれませんな。

9 **ヒラギノ丸ゴPro　こんな書体です。**

10 **教科書体** こんな書体です。

11 **明朝** こんな書体です。

12 **隷書体** **こんな書体です。**

13 **行書体** **こんな書体です。**

14 **pdf** ポータブル・ドキュメント・フォーマットの略称。アドビシステムズが開発した電子ファイルのフォーマットで、特定の環境に左右されずに全ての環境でほぼ同様の状態で文章や画像等を閲覧できるのが特徴。要は、一太郎とかワードとかで作ったファイルをそのまま送りつけたりせずに、これに変換してくれると、使ってるパソコンやワープロソフトがなんであろうと、文書が読める。てか、パソコン初心者の皆様におかれましては、お願いだから自分の持ってるソフトで作ったファイル、そのまま送りつけるのはやめてください。

15 **富士通オアシス** 富士通が開発した日本語ワープロ専用機、およびワープロソフト。専用機においては、日本語のかな入力効率化に特化した「親指シフトキーボード」という独自開発のキーボードを採用、いまだに根強いファンがいる。

16 **手書き、時々やってみなければ** ……挫折中。

**●書評の書に捧げる薔薇** [P88-89]

1 **『乙女の読書道』** 本書の著者、池澤春菜による初の読書エッセイ集。雑誌『本の雑誌』連載のブックレビューを中心に構成されており、父・池澤夏樹との対談も収録。

**2　澁澤龍彦『ねむり姫』**　澁澤龍彦は一九二八年生まれ、八七年没の小説家、評論家。ペダンティックなエッセイや、幻想味溢れる創作で人気を得た。一九五九年にマルキ・ド・サドの『悪徳の栄え（続）』を翻訳出版したが、翌年、性表現を理由に発禁処分となり、さらにその翌年、猥褻文書販売および同所持の容疑で在宅起訴され、俗に言う「サド裁判」の被告となったことでも有名。代表作に『高丘親王航海記』、その他エッセイ集、短篇集、翻訳など多数。『ねむり姫』は澁澤の短篇、およびそれを表題作とした短篇集。平安時代から江戸時代にかけてを舞台に、エロティシズムと幻想味に溢れた物語が六篇収録されている。

**3　高木彬光『妖説地獄谷』**　高木彬光は一九二〇年生まれ、九五年没のミステリ作家。神津恭介、霧島三郎の二大名探偵を含め、様々な名探偵を創造したことでも知られている本格推理派の雄。代表作に『刺青殺人事件』『成吉思汗の秘密』『白昼の死角』など。時代小説やSFなども多数執筆しており、『妖説地獄谷』はそんな時代伝奇小説の一つ。

**4　エーリッヒ・ケストナー『五月三十五日』**　エーリッヒ・ケストナーは一八九九年生まれ、一九七四年没のドイツの小説家、詩人。児童文学作家として世界的に有名。代表作に『エーミールと探偵たち』『飛ぶ教室』など。『五月三十五日』はケストナーの児童文学の一つで、主人公の少年の奇想天外な旅を描く、風刺に満ちた作品。

**5　セス・グレアム＝スミス『高慢と偏見とゾンビ』**　セス・グレアム＝スミスは一九七六年生まれのアメリカの小説家、脚本家。テレビの脚本家として活躍するかたわら、『高慢と偏見とゾンビ』『ヴァンパイアハンター・リンカーン』と、奇想天外な小説を書き、いずれも大ベストセラーとなる。『高慢と偏見とゾンビ』は、ジェイン・オースティンの古典小説『高慢と偏見』の文章をベースに、新たな文章を差し込んで脚色し、元の作品の大枠はそのままに、恋愛小説からゾンビと戦うホラーに変えてしまった「マッシュアップ小説」。

**6　マーク・ローランズ『哲学者とオオカミ』**　マーク・ローランズは一九六二年生まれ、イギリス（正確にはウェールズ）出身の哲学者。動物の生態から、人間の心理や倫理といった哲学的問題を考察する手法で知られる。『哲学者とオオカミ』は、ローランズが一匹の狼と生活を共にした体験を書いたノンフィクション。

**7　ジャック・ハム『人体のデッサン技法』&A・ルーミス『やさしい人物画』**　二冊とも、基本から応用までぎっしりと詰まった眼から鱗の絵の教科書。デッサンや造形をする方なら必携の書。見てるとなんだかうまく書けるような気になってくる（気のせい）。

**8　ダイアナ・ウィン・ジョーンズ**　一九三四年生まれ、二〇一一年没のイギリスのファンタジー作家。異世界ファンタジーも書けば、エブリデイ・マジックもの（現代社会の日常に魔法が混じり込むタイプのファンタジー）も書く多作家で、いずれも独創的な設定で知られる。また、『魔法使いハウルと火の悪魔』が宮崎駿監督のアニメ映画『ハウルの動く城』として映画化されたことでも有名。代表作は《ハウルの動く城》シリーズ、《大魔法使いクレストマンシー》シリーズなど。

**9　P・G・ウッドハウス**　フルネームはペルハム・グレンヴィル・ウッドハウス。一八八一年生まれ、一九七五年没のイギリスの小説家。ユーモラスな作風で知られる。代表作はなんといっても《ジーヴス》シリーズ。

お金持ちの上流階級ながらちょっとマヌケな青年が毎回直面する難問を、天才執事のジーヴスが見事に解決する、というのが基本的な筋立て。

10『**虎よ、虎よ！**』 別題を『わが赴くは星の群』。アルフレッド・ベスター作の宇宙SFで、いわゆる「ワイドスクリーン・バロック」の代表的作品でもあり、かの有名な『モンテ・クリスト伯』をストーリーの下敷きに、瞬間移動（この作品中ではジョウントと呼ばれる）や加速装置、奇怪な未来人など、ごった煮のようにアイデアが盛り込まれている。ノーマッドと聞いて真っ先に思い浮かべるのが、この作品か、『宇宙大作戦』か、『ギャラクシーエンジェル』かで、好きなメディアが小説なのか、テレビドラマなのか、アニメなのか、わかる……かも。全部思いつく人はマニアです。

11『**女の国の門**』 シェリ・S・テッパーによるSF長篇。男と女が別れて暮らす文明崩壊後の未来世界を描く。

12『**ようこそ女たちの王国へ**』 ウェン・スペンサーによるファンタジー長篇。極端に男性が少ないため、社会のあらゆる職業を女性が中心で治めている世界を舞台に、男女の役割を逆転して描く冒険譚。

13『**ルナ・ゲートの彼方**』 ロバート・A・ハインラインによるSF長篇。少年が主人公のSF版『十五少年漂流記』と思いきや、ジュブナイル小説のくせに、口当たりが全く甘くない展開を見せるあたりが、ハインラインの真骨頂かも。

14『**ドクター・アダー**』 K・W・ジーターによるSF長篇。近未来のロサンゼルスを舞台に展開する、猥雑でアンモラルなハイテクスリラー。サイバーパンクブーム以前に書かれた早すぎた傑作。

15『**電脳麻薬ハンター**』 スター・トレックのカーク船長ことウィリアム・シャトナーによる（実際にはゴーストライターが書いてるとか）SF長篇。近未来のロサンゼルスを舞台にしたハードボイルドもので、アメリカ本国ではシリーズ化されただけでなく、シャトナー本人の手でテレビドラマ化もされた（さすがに主人公は自分では演じてなかったけど）。

16『**アードマン連結体**』 ナンシー・クレスのSF短篇を日本で選りすぐった短編集と、その表題作。シリアスなテーマ性とSFらしいアイデアを兼ね備えた秀作揃い。

17『**量子回廊**』 二〇〇八年から刊行されている東京創元社の『年刊日本SF傑作選』の二〇一〇年版のタイトル。二〇〇九年に発表されたSF短篇を一九作収録している。

18『**妖精作戦**』 笹本祐一のデビュー作。続篇に『ハレーション・ゴースト』『カーニバル・ナイト』『ラスト・レター』の三作がある。ライトノベルの始祖の一つとも言える作品。超能力を持つ少女を守るため、大人たちを相手に高校生たちが大活躍する冒険SF。

19『**リヴァイアサン三部作**』 スコット・ウエスターフェルドのスチームパンクSF。『リヴァイアサン　クジラと蒸気機関』『ベヒモス　クラーケンと潜水艦』『ゴリアテ　ロリスと電磁兵器』の三作からなる。蒸気機関で動くトンデモ兵器群、新種改良によって生み出された異様な生物たち、流浪の王子と男装の美少女と、まるでジブリのアニメみたいな作品。てか、ほんと、日本でアニメ化したりしませんかね？

20『**太陽系無宿／お祖母ちゃんと宇宙海賊**』 スペオペ黄金時代の傑作を集めた、野田昌宏編集による日本オリジナル短篇集。元々は早川書房から出ていたが、現在は東京創元社から刊行されている。古き良き宇宙大活劇やユーモア溢れるコメディなど、SF的な設定の古めかしささえ目をつぶれば、どの作品も物語としての愉しさに満ちている。

**21 口から奇声を発しながら転げ回ったよ** 今も口から奇声を発しながら転げ回ってるよ。

**22 池澤夏樹** 一九四五年生まれの作家。小説、詩、翻訳などを手がける。同じく、作家の福永武彦の子にして、本書の著者である池澤春菜の父。純文学作家だが、SFやファンタジー色の強い作品も多い。代表作に『スティル・ライフ』『マシアス・ギリの失脚』など。近年では、河出書房新社の『世界文学全集』全三〇巻の個人編纂といった仕事も。

**●ボーイング787—春菜と飛行機—** [P90-91]

**1 ジェラルド・オニール博士** 一九二七年生まれ、九二年没のアメリカの物理学者。一九七〇年代に宇宙開発についての先駆的な研究をした。中でもオニールが考案したシリンダー型のスペースコロニーは有名。

**2 シリンダー型スペースコロニー** スペースコロニーとは、宇宙空間に人工の居住地を建造しようというアイデアのことで、球型やトーラス型など様々な形状のものが考案されているが、中でもシリンダー型のものは、テレビアニメ『機動戦士ガンダム』で利用され、日本ではすっかりお馴染みに。

**3 かに星雲** 牡牛座にある超新星の残骸。地球からおよそ七〇〇〇光年の彼方にある。中心部に「かにパルサー」と呼ばれる中性子星がある。

**4 An-225** 旧ソ連のアントノフ設計局が開発した大型輸送機。愛称はムリーヤ。元々は背中にソ連製スペースシャトル「ブラン」を乗せて輸送するために計画されたもので、最大離陸重量が六〇〇トン（空虚重量は一七五トン）もある、世界一重い航空機。ソ連末期に二機が製造されたものの、完成したのは一機だけという希少な機体でもある。

**5 ヘッドアップディスプレイ** 人間に見えるように、直接その視野の前に情報を映し出す方式のこと。略称はHUD。元々は戦闘機の操縦用に開発され、民間機や自動車など様々な分野への転用が進んでいる。

**6 エレクトロニック・フライトバッグ** 従来は紙に書かれていたマニュアルやチャートといった航空機操縦用の文書類を電子化し、画面上に表示するようにしたもの。略称をEFBという。

**●果てしなき蔵書** [P92-93]

**1 富士見ファンタジア文庫** 株式会社KADOKAWA（旧富士見書房）が発行するライトノベルの文庫レーベル。一九八八年創設。翌八九年に創設された角川スニーカー文庫、九三年に創設されたメディアワークス電撃文庫と並んで、九〇年代以降のライトノベルブームを牽引した叢書の一つ。

**2 『ねこたま』『まさかな』『羅針盤の夢』『六分儀の未来』『天秤の錯覚』** いずれも、ライトノベル作家、小林めぐみの著書。『天秤の錯覚』『羅針盤の夢』『六分儀の未来』は《ねこのめ》シリーズ三部作。

**3 『スタータイド・ライジング』** デイヴィッド・ブリンの代表作《知性化》シリーズの一作。巨大宇宙船団の遺跡を発見した地球の宇宙船が、銀河を支配する列強諸属に追われ、絶体絶命のピンチに陥りつつも、なんとか生還しようとする宇宙冒険SF。

**4 『伝道の書に捧げる薔薇』** ロジャー・ゼラズニイのSF短篇集。初期の傑作を収めた第一短篇集で、収録作の一つ、「その顔はあまたの扉、その口はあまたの灯」はネビュラ賞を受賞している。

**5 『フリーゾーン大混戦』** チャールズ・プラットのSF長篇。SF的なアイデアを山のように盛り込んだ、なんでもありのハチャメチャなスラップスティック・コメディ。

**6 ELLE DECOR** おし

ゃれ界の横綱ELLEのインテリア版。もうおしゃれすぎてて、見てると現実との落差に目からなんか変な汁が出てくる。

7 **アン・アギアレイ** 一九七〇年生まれのアメリカのSF／ファンタジー作家。翻訳は第一長篇の『グリムスペース』のみだが、本国ではすでに二〇作以上の著作を発表している。なんせ、イニシャルがA．A．だから、あいうえお順でもアルファベット順でも先頭に並んじゃいますわな〜。

8 **かべ紙ハウス** 『ドラえもん』に出てくるひみつ道具。ポスター状の紙に家の絵が描かれており、これを壁に貼ると、ドアを開けて特殊空間に入ることができる。かべ紙レストラン、かべ紙おもちゃ屋、かべ紙トイレ、かべ紙小学校、かべ紙秘密基地など。もはやこれさえあれば金輪際収納で悩むことはなくなる。欲しい。とても、欲しい。

**●明日は見えねど高楊枝**［P94-95］

1 **エクスペクト・パトローナム的な白い鹿** 「エクスペクト・パトローナム（守護霊よ来たれ）」は《ハリー・ポッター》シリーズに出てくる守護霊の呪文。この呪文で召喚される守護霊は動物の姿を取ることが多いとされている。ちなみに、ハリーとハリーの両親の守護霊が鹿だったりする。

2 **ジーヴス** P・G・ウッドハウスの小説に登場する天才執事。『バットマン』のアルフレッドや『アイアンマン』のジャーヴィス（名前がすでにパロディになってます）など、その後の小説やコミックスなどに登場する、主人を助けて活躍する有能な執事のイメージの原型となったキャラクター。うちにも一人、こういう執事が来てくれないかなあ。

3 **植木等** 日本の俳優、コメディアン、歌手、ギタリスト、タレント。コミックバンド、クレージーキャッツの一員。「スーダラ節」、映画《無責任》シリーズ、《日本一》シリーズなどで、大ブームを巻き起こした。

4 **デニス・ダンヴァーズ** 一九四七年生まれのアメリカのSF作家。デビューが遅く、寡作なところから、おそらく兼業作家。その作品はロマンス色が濃いところが特徴。

5 **『天界を翔ける夢』** デニス・ダンヴァーズの第三長篇。仮想現実の世界と、荒廃した現実世界とをまたにかけた、恋と冒険の物語。続篇『エンド・オブ・デイズ』がある。

**●鳥居とスケルトニクスと忍者な私**［P98-99］

1 **ファティマ** 永野護のマンガ『ファイブスター物語』に登場する人造人間たちの総称。みなさん美形のお嬢様たちです。ちなみに語源はおそらく聖母マリアが出現したという奇跡で知られるポルトガルの町の名前。さらにその語源は、アラビア語の女性名。

2 **『ブルー・シャンペン』** ジョン・ヴァーリイの第三短篇集およびその表題作。きらびやかな未来世界のイメージと、差別や狂気、アイデンティティといった重いテーマとが同居する、ヴァーリイらしさに溢れた短篇ぞろい。

3 **メガン** ジョン・ヴァーリイの短篇「ブルー・シャンペン」のヒロイン。フルネームはメガン・ギャロウェイ。全身をサイボーグ化されている。

4 **『鉄腕アトム』** 言わずと知れた手塚治虫の代表作の一つ。一〇万（後に一〇〇万）馬力の少年型ロボット、アトムの活躍を描く。一九五一年の初登場以来、三〇年近く断続的に描き続けられ、何度もアニメ化された、おそらくは日本でも一番有名なアンドロイド。

5 **『機動戦士ガンダム』** 一九七九〜八〇年に放送された、富野喜幸（現：由悠季）総監督によるテレビアニメ。放送中は視聴率が振るわず、全五二話の予定が全四三話に短縮された。ところが、放送終盤に入って人気が上昇、さらに放送終了後に発売されたプラモデルが爆発的な売れ行きを見せ、その後、本作品の劇場版や続篇の製作はもちろん、八〇年代におけるアニメブームの火付け役ともなった。

6 **アクチュエーター** 伸縮・屈伸・旋回といった運動を行うための駆動装置の総称。ロボットの関節の動作などにも利用されている。

**●短期留学者は英語の海に漂う**
[P100-101]

1 **ESL Podcast** English as a Second Language の略。「第二言語としての英語」。イディオムも文法も全て、簡単で明瞭な英語で説明されるので、国籍を問わず英語が学べると世界中で人気が高い。

2 **スミソニアン博物館** アメリカを代表する博物館で、実際にはスミソニアン協会が運営する一九もの博物館や研究センターといった施設群すべてを指す。そのほとんどはワシントンDCに存在している。SFファンにとっては、『スター・トレック』の最初のテレビシリーズである『宇宙大作戦』版のエンタープライズ号が展示されていることでも有名。

3 **バーンズ&ノーブル** アメリカ最大の書店チェーン。自社独自の電子書籍リーダー「Nook」を発売して電子化の波にも対抗しようとしていたが、数年前から経営不振で身売り話が出ているとか。どの店舗も大規模で明るく、中に喫茶店が併設されていたりして、居心地のよい空間を作っているのですが、時代の趨勢というのは恐ろしい……。

4 **『スター・ウォーズ』** 「アメリカ人には二種類の人間がいる。スター・ウォーズのファンか、スター・トレックのファンか、どっちかだ」というジョークがホントかどうかはともかく、現代アメリカ、いや世界を代表する娯楽SF映画。一九七七年に公開された『エピソード4／新たなる希望』から、二〇一五年に公開された『フォースの覚醒』まで、劇場映画が七本（およびテレビアニメなど多数が）作られており、現在もシリーズ継続中。いつの時代のどこの宇宙とも知れぬ世界を舞台とした、寓話性の高い、ある意味ファンタジーに近い雰囲気を持つスペース・オペラとなっているところが特徴。

5 **『スター・トレック』** おそらく世界最長のSFテレビドラマ、および、その劇場映画化シリーズ。一九六六〜六九年にテレビ放送された『宇宙大作戦』に始まり、二〇一三年に劇場公開された『イントゥ・ダークネス』まで、テレビシリーズ五本、テレビアニメ一本、劇場映画一二本が作られており、現在もシリーズ継続中。現実と地続きの未来世界を舞台に、現代社会が抱える問題をテーマとして扱うことも多い、現代的な宇宙SFとなっているところが特徴。

6 **WWC** ワールド・オブ・ウォークラフトのこと。通常はWoWと略されることが多い。元々は多人数がオンラインで同時にプレイする、大規模多人数同時参加型オンラインロールプレイングゲーム（MMORPG）と呼ばれるコンピュータゲームの一つだが、その世界観を元にしたファンタジー小説が多数出版されている。『スター・ウォーズ』や『スター・トレック』の小説シリーズ同様、こういった「映画やドラマ、ゲームなどの共通の世界観を元にして、新たに書かれた小説」のことを「セカンダリー・ノベライズ」と呼ぶ。

7 **Dragons 〇〇ってシリーズ** タイトルにドラゴンとつく小説は、それこそ山のようにあって、ちょっとググってみただけでも出るわ出るわ。まあ、竜とエルフはファンタジーの華ってことで（でも、実は一番有名なのは、ファンタジーじゃなくてSFの《パーンの竜騎士》シリーズだったりして）。

**8 サルバトーレさんシリーズ** R・A・サルバトーレは一九五九年生まれのアメリカのファンタジー作家。日本ではそんなに翻訳紹介が進んでいないが、本国では七〇作以上の著作を持つ人気作家。そりゃ、棚の一つくらいは占領しちゃいますわ。

**9 マーセデス・ラッキー** 一九五〇年生まれのアメリカのファンタジー作家。代表作は《ヴァルデマール年代記》シリーズ。中でも、剣士タルマと魔法使いケスリーの女性コンビが活躍する連作は、フリッツ・ライバーの高名なファンタジー《ファファード&グレイ・マウザー》シリーズの女性版とでもいうべき痛快作。

**10 シェアードワールド** 同じ舞台設定や登場人物を複数の作家で共有し、それぞれ小説を書き継いでいくスタイルの共作もののこと。一九七八年にロバート・アスプリンたちが始めたThieves' World（盗賊世界）が、初めてこのスタイルの共作をシェアードワールドと名づけた。以降、一九八〇〜九〇年代にかけて様々なシリーズが作られたが、二〇〇〇年代にはブームも一段落し、今もなお続いているのはジョージ・R・R・マーティンらによる《ワイルド・カード》シリーズくらい。

**11 『ブラッド・プライス』のタニア・ハフ** タニア・ハフは一九五七年生まれのカナダのSF／ファンタジー作家。現代を舞台にした、いわゆる「コンテンポラリー・ファンタジー」の書き手として有名だが、最近はミリタリーSF『栄光の〈連邦〉宙兵隊』がヒット中。『ブラッド・プライス』は、ハフの代表的作品である《ブラッド》シリーズの第一作。中世から生きている吸血鬼と女刑事の活躍を描いたもので、テレビドラマ化もされている。

**12 ジョディ・リン・ナイ** 一九五七年生まれのアメリカのSF／ファンタジー作家。コンテンポラリー・ファンタジーからミリタリーSFまで、様々なサブジャンルの小説を書いているが、いずれもユーモア溢れる作風が特徴。邦訳にロバート・アスプリンとの共作『魔法塾、はじめました！』や、アン・マキャフリー原案の『伝説の船』などがある。

**13 ダイアナ・L・パクスン** 一九四三年生まれのアメリカのファンタジー作家。邦訳は短篇が二作あるだけだが、復興異教主義（ネオペイガニズム：前キリスト教的な多神教を奉じる考え方）の作家として、アメリカでは有名で、多くのファンタジー小説シリーズを著している。

**14 リージェンシーロマンス** 英国の摂政時代を舞台にしたロマンスのこと。リージェンシーが一七九五年から一八三七年頃、ヴィクトリアンが一八三七年から一九〇一年。ようするにジェイン・オースティンです。

**15 Rosemary Edghill** ローズマリー・エッジルは、一九五六年生まれのアメリカの作家。リージェンシーロマンスの書き手としてデビューしたのち、SFやファンタジーを書くようになった。最近はマーセデス・ラッキーとの共作が多い。

**16 Steam-Age Britain** 蒸気機関車が走っていた時代の英国を舞台にしたジャンル……って書いてふと思ったけど、それだけだと全然SFじゃないですね。

## ●時間のかかる読書［P102-103］

**1 酉島伝法** 一九七〇年生まれのSF作家、イラストレーター。ペンネームは自身が住む大阪府大阪市此花区にある二つの地名「酉島」と「伝法」を組み合わせたもの。独特の言語感覚と緻密なSF設定から生まれる、濃厚な異世界を構築した「皆勤の徒」で、二〇一一年、第二回創元SF短編賞を受賞してデビュー。

●SF大会の長い午後［P104-105］

**1　なつこん**　第五三回日本SF大会のこと。茨城県つくば市のつくば国際会議場にて、二〇一四年七月一九〜二〇日のあいだ、開催された。

**2　ワールドコンスタイル**　ワールドコンというのは、日本SF大会同様、年に一回開催される「世界SF大会」のこと。日本SF大会もワールドコンも一貫したスタッフが毎年運営しているのではなく、その年に地元で開催したいと考えたSFファングループが立候補して開催する。ワールドコンは、日本SF大会よりも開催中のルールが細かく決められていて、これをクリアしないと承認を受けられない。

**3　古沢嘉通**　一九五八年生まれの翻訳家。ミステリも訳しているが、根っからのSFファン。代表的な翻訳にマイクル・コナリーの諸作やクリストファー・プリーストの諸作、ケン・リュウの『紙の動物園』など。

**4　牧眞司**　一九五九年生まれの書評家、SF研究家。著書に『世界文学ワンダーランド』、翻訳にマイク・アシュリーの『SF雑誌の歴史』など。蔵書家としても有名で、日下三蔵、北原尚彦と並ぶ日本SF界三大蔵書家。でも、最近はなんといってもテレビアニメ『けいおん！』原理主義者として、一部で有名。

**5　神北恵太**　一九六一年生まれの図版作家。というよりも、日本SF大会の運営を支え続けているBNF（ビッグ・ネーム・ファン）の一人として、SFファンのあいだでは有名。また、一九九〇年代初めの頃、パソコン通信「ニフティサーブ」のシスオペを勤めていたとき、当時増えつつあった新しい少年向け小説のサブジャンルに、「ライトノベル」という言葉を命名したことでも知られる。

**6　菊池誠**　一九五八年生まれの物理学者。大阪大学サイバーメディアセンター教授。学生時代からSFファン活動を続けていて、木口まこと名義で翻訳もおこなっている。著書に『科学と神秘のあいだ』、共著に『いちから聞きたい放射線のほんとう：いま知っておきたい22の話』など。テルミン奏者でもあり、同じくテルミン奏者の児嶋佐織とandmo'（あんども）というバンドを組んで、世にも珍しいダブルテルミンによるプログレバンドとして活動中。

**7　堺三保**　この連載とはまったく関係ないはずなのに、なぜかたびたび登場したりする人。そして、用語集まで手伝ってる人。そっか、cocoさんや阿部さんやワシの項があるのに池澤さんの項目がないのは不公平だあぁぁ！　なお、この用語集は池澤、堺、阿部の三人で分担しておりますので、誰がどの項目を書いたかはご想像にお任せします（にやり）。

**8　『バビロンまでは何マイル』**　ダイアナ・ウィン・ジョーンズのファンタジー小説。二つの世界を股にかけて問題解決に奔走する魔法管理官の活躍をユーモアたっぷりに描いたどたばたコメディ。

**9　米子のこめこん**　第五四回日本SF大会「米魂」のこと。鳥取県米子市にて、二〇一五年八月二九〜三〇日のあいだ、開催された。ちなみに、第五五回日本SF大会「いせしまこん」は、二〇一六年七月九〜一〇日、三重県鳥羽市の温泉旅館戸田家にて開催の予定。

（執筆協力　堺三保）

# SFのSは、ステキのS

二〇一六年五月二十日　印刷
二〇一六年五月二十五日　発行

著　者　池《いけ》澤《ざわ》春《はる》菜《な》
　　　　c o c o

発行者　早　川　　浩

発行所　株式会社　早　川　書　房
郵便番号　一〇一 - 〇〇四六
東京都千代田区神田多町二ノ二
電話　〇三・三二五二・三一一一（大代表）
振替　〇〇一六〇・三・四七七九九
http://www.hayakawa-online.co.jp

定価はカバーに表示してあります



印刷・精文堂印刷株式会社　製本・大口製本印刷株式会社

ISBN978-4-15-209615-9 C0095